Character Lesson Workbook

바른 인성과 자신의 성장을 위한 연습

인성수업 워크북

이지연 저

(주)백산출판사

　우리 사회는 빠르게 변화하고 있다. 이러한 환경 속에서 사회에 적응하며 협력하는 인재로 성장하기 위해서는 인성의 뒷받침이 그 무엇보다 중요하다는 것을 깨닫고 있다. 특히, 4차 산업혁명과 비대면시대를 지나면서 매스컴과 SNS, 뉴스에 등장하는 사건사고들은 인성이 그 어느 때보다 중요하다는 것을 보여주고 있다. 기업체에서도 신입사원을 뽑을 때 인성을 우선적으로 고려하고 있다. 특히 자라나는 청소년과 대학생은 자신의 가치관과 인성을 갖추는 중요한 시기라는 점에서 인성에 대한 배움과 학습 그리고 체험은 중요하다고 하겠다.

　본 교재는 체험 중심 인성교육의 중요성을 강조하며, 지금까지의 지식 중심 인성교육이 아닌 직접 학습하고 체험하며 실천하는 삶으로 이어지는 데 중점을 두어 구성하였다. 본 교재는 총 14부로 인성함량을 위한 역량을 중심으로 구성하였으며, 인성함량을 위한 기본적 요소부터 이 시대에 필요한 자신의 성장과 발전을 위한 역량으로 구성하였다. 또한 이론적 지식을 최소화하며 직접 학습하고 체험할 수 있도록 하였다.

　총 PART 3으로 나누어 PART 1은 자신을 아는 것에서 출발할 수 있도록 자신에 대한 이해로 구성하였다. PART 2는 타인과의 관계를 위한 기본 역량을 다루었다. PART 3은 타인과의 소통 부분이다. 좀 더 세부적으로 살펴보면 1장 인성, 2장 자기인식, 3장 자기 및 타인 이해, 4장 가치관, 5장 자존감, 6장 감성 및 감정, 7장 겸손, 8장 존중, 9장 배려, 10장 책임감, 11장 소통, 12장 경청 및 공감, 13장 자기표현, 14장 감사이다.

본 교재는 대학생들의 인성함양을 위한 책으로 건강한 대학문화 형성과 긍정적인 인성의 변화 및 공동체에서 필요한 성품과 역량을 기르기 위한 목적으로 구성되었다. 그래서 대학생뿐만 아니라 예비사회인과 이 시대를 살아가는 일반인과 직장인 모두에게 필요한 책이라고 하겠다. 본 교재가 자신을 알고 타인과의 관계성을 향상시키며, 자신이 가지고 있는 것들을 당당하게 표현하는 데 도움이 될 수 있기를 바란다. 마지막으로 책 출간을 위해 세심하게 많은 도움을 주신 백산출판사 관계자 여러분께 깊은 감사를 드립니다.

2022년 7월
저자 **이지연** 올림

CONTENTS

PART **2**

타인과의
관계 역량

PART **3**

타인과의
소통

자신에 대한 이해

Chapter 1

인성

인격을 꿈꿀 수는 없다.
너는 자신을 망치질하고
담금질해야 한다.

- 헨리 데이비드 소로 -

인성

1. 인성의 개념

　인성에 대해서는 시대와 학자에 따라 다양하게 정의하고 있으나 '인간 본성 혹은 인간성(human nature or humanity)' '성격 혹은 개성(personality)' '인격(character)' '도덕성(morality)' 등의 다양한 의미로 사용되고 있다.(유재봉, 2006) 인성교육진흥법에 명시된 인성교육에 대한 정의를 살펴보면 "자신의 내면을 바르고 건전하게 가꾸며 타인, 공동체, 자연과 더불어 사는 데 필요한 인간다운 성품과 역량을 기르는 것을 목적으로 하는 교육"으로 정의하고 있다. 즉 일상생활, 대인관계, 직업생활에서 나타나는 성격, 태도, 인품 또는 품성, 행동, 습관 등으로 표현할 수 있다.

　인성은 그 자체로 존재한다기보다는 타인에게 하는 말과 행동과 반응 등 타인과의 관계에서 드러나게 된다. 그렇기 때문에 인성이 바르고 좋은 사람은 타인과의 관계가 좋을 수밖에 없으며, 자신에 대한 관리 또한 뛰어나다. 이러한 점은 사회생활을 하는 데 긍정적으로 작용하게 된다. 인성에는 기본 역량들이 존재한다. 시대와 문화에 따라 그 역량에는 차이가 있을 수 있으나 현대에 맞는 인성의 요소들을 통해 인성을 갖추어 나갈 수 있다.

2. 인성의 필요성

1) 직장인의 기본역량

기업들이 신입사원을 채용하는 데 중요하게 고려하는 사항 중 하나가 인성이다. 실제 한 취업포털사이트에서 인사담당자가 '가장 뽑고 싶은 지원자 유형' 1위로 '밝고 예의바른 지원자'라고 응답한 바 있다. 기업체에서 취업준비생의 인성을 중요한 잣대로 평가하는 이유는 인성이 좋으면 다른 직원과의 화합과 협력을 통한 적응이 빠르며, 스스로의 발전과 성장에 도움이 되므로 업무의 성과에도 영향을 미칠 수 있다고 생각하기 때문이다. 직장이란 곳은 서로 다른 배경과 성향을 가진 사람들이 모여 함께 일을 진행하며 공동의 목표를 향해 나아가는 곳이다. 그렇기 때문에 인성은 업무능력만큼이나 중요한 역량으로 꼽을 수 있다. 특히 미래사회에서는 타인과 다른 전공 및 지식 간의 융합이 강조되고 있다는 점에서 인성은 신입사원뿐만 아니라 직장인이라면 누구나 갖추어야 할 가장 기본적이며 중요한 역량이다.

출처 : https://m.sedaily.com/NewsVIew/1VO7D882NM#cb

2) 개인 삶의 행복

존스홉킨스 대학교에서 사회과학자들이 48개 대학 7,948명의 학생들을 대상으로 통계조사를 실시한 적이 있다. 이 예비 보고서는 국립정신건강연구소의 지원을 받아 2년 동안 진행된 연구 프로젝트의 일환으로 작성된 것이다. 설문에서 자신에게 '가장 중요한 것이 무엇이냐'는 질문에 16퍼센트의 학생들이 '돈을 많이 버는 것'이라고 대답한 반면, 78퍼센트의 학생들은 첫 번째 목표가 '자기 삶의 목표와 의미를 찾는 것'이라고 대답했다.(이시형 역, 2005) 인성은 자신의 삶과 가치관에 영향을 미치며 가치관을 확립하는 데 영향을 미치게 된다. 좋은 지능과 기술은 가지고 있으나 그에 따른 인성이 올바르지 않을 경우 사회에 해를 끼치는 사례를 우리는 매스컴을 통해 자주 확인하곤 한다. 바른 인성이 중요한 이유이다. 또한 바른 인성에 따른 올바른 가치관은 자신이 추구할 방향성을 제시하면서 자기 삶에 행복감을 느끼며 살아가는 데도 영향을 준다.

3) 더불어 살아가기

인간은 타인과 더불어 살아가야 하는 존재이다. 하지만 서로 다른 문화와 배경, 입장차이, 성향 및 성격 등으로 서로에게 갈등을 조장하게 되며 소통을 어렵게 할 수 있다. 인성향상은 자신과 타인에 대한 이해도를 높이게 한다. 그래서 사회인으로 서로를 배려하며 존중하고, 자신의 감정을 조절하며 소통의 질을 높이게 된다. 특히 요즘시대는 비대면과 4차 산업혁명으로 인해 소통의 단절을 종종 경험하게 된다. 또한 다양한 상황에서의 감정조절 능력이 필요한 때이다. 인성을 통해 다양한 상황에서 더불어 살아가는 데 필요한 능력을 향상시킬 필요가 있다.

 인성의 중요성 사례

조직에서 가치를 창출하는 인재 'talent'라는 관점에서 사람에게 필요한 요소는 다음과 같이 크게 세 가지로 구분해 볼 수 있다. 첫째는 신체적(physical) 요소 즉, 키나 외모, 근력 같은 것이다. 두 번째 요소는 기량(competency)이다. 얼마나 많은 지식과 기술을 갖추고 있는지, 특정 분야에서 얼마나 많은 경험을 축적하고 있는지, 문제 해결 역량은 얼마나 뛰어난지 등에 대한 것이다. 세 번째 요소는 인성(personality)이다. 도덕성이나 열정, 끈기, 성실성 같은 것을 뜻한다. 인성은 앞서 언급한 두 요소와 다른 특징이 있다. 데이터로 파악하기 쉽지 않다는 것이다.

출처 : BTS Insight, 잘함과 진심 中

⬡ 인성이 드러나는 순간

1. 부모님이나 형제 등 가족들과 함께 있을 때
2. 자신이 편하다고 생각하는 사람들과 함께 있을 때
3. 아무도 보지 않는 상황일 때
4. 보수, 권한, 직위 등 자신보다 낮다고 생각하는 사람들을 대할 때
5. 자신이 과거에 비해 잘 나간다고 생각될 때
6. 관계를 끝맺음할 때 (연애, 이직 및 퇴직, 대인관계 등)
7. 급박한 상황에 처했을 때

◈ 위의 인성이 드러나는 순간을 보고 나의 인성에 대하여 생각해 보자.
　　나의 인성이 드러나는 순간은 언제인가? 그리고 어떻게 행동하는가?

Chapter 1

인성

영화추천

인사이드 아웃

모든 사람의 머릿속에 존재하는 감정 컨트롤 본부 그곳에서 불철주야 열심히 일하는 기쁨, 슬픔, 버럭, 까칠, 소심 다섯 감정들. 이사 후 새로운 환경에 적응해야 하는 '라일리'를 위해 그 어느 때보다 바쁘게 감정의 신호를 보내지만 우연한 실수로 '기쁨'과 '슬픔'이 본부를 이탈하게 되자 '라일리'의 마음속에 큰 변화가 찾아온다.

'라일리'가 예전의 모습을 되찾기 위해서는 '기쁨'과 '슬픔'이 본부로 돌아가야만 한다! 그러나 엄청난 기억들이 저장되어 있는 머릿속 세계에서 본부까지 가는 길은 험난하기만 한데… 과연 '라일리'는 다시 행복해질 수 있을까? 지금 당신의 머릿속에서 벌어지는 놀라운 일! 하루에도 몇 번씩 변하는 감정의 비밀이 밝혀진다!

출처 : 네이버 영화

Action 2

1. 나의 인성은 어떠한가?

_____

_____

2. 내 주변에 인성 좋은 친구는 누구인가? 무엇 때문에 그렇다고 생각하는가?

_____

_____

3. 나의 인성이 향상되기 위해 필요한 것은 무엇인가?
   인성향상을 위해 실천해야 할 것은 무엇인가?

_____

_____

인성수업
워크북

자기인식

스스로를 신뢰하는 사람만이
다른 사람들에게 성실할 수 있다.

- 에리히 프롬 -

자기인식

1. 자기인식의 개념

자기인식(Self-awareness)이란 개인이 자신의 생각이나 감정에 주의를 집중하여 알아차리는 것으로서, 궁극적인 자기인식 단계를 가리켜 메타-자기인식(meta salf-aware-ness)이라 칭하며, 이러한 상태는 인지적·정서적으로 깨어 있는 상태를 말한다.(이정석·박홍석, 2017) 즉, 자신을 이해하고 느낄 수 있는 능력을 의미한다. 자기인식은 자기이해와 타인이해 등으로 구분할 수 있으며, 이는 관계형성 및 소통, 성장에 영향을 미친다. 자신이 누구인지를 알며 자신의 감정 및 태도를 인지함으로써 감정을 조절하고 상대방을 배려할 수 있다. 이렇듯 올바르고 긍정적인 자기인식은 자신의 행동에도 영향을 미치며 더욱더 긍정적인 행동을 하는 데 영향을 미친다. 타인에 대한 올바른 이해는 상대방의 감정이나 태도, 행동에 대한 이해를 통해 긍정적인 관계를 만들어나간다. 이러한 긍정적 관계는 대인관계 및 소통에 긍정적 영향을 미치게 되지만, 반대로 자신 및 타인에 대한 인식이 부족한 경우에는 자기중심적이며 과민한 대인관계로 이어질 수 있다.

2. 자기인식의 구성

1) 자기이해

자기이해의 시작은 '나는 누구인가?'에 대한 질문에 답할 수 있어야 한다. 자신의 외형과 소유에 대한 이해뿐 아니라 자신 삶에 대한 가치관, 신념, 태도 그리고 자신의 감정과 조절, 타인에 대한 이해, 특정 상황에서 자신의 모습 등을 아는 것이다. 이러한 다양한 관점에서의 질문과 답은 자신을 이해하고 알아가며 성장시키는 데 도움이 될 수 있다.

나는 누구인가?

나는 _____ 이다.

나는 _____ 이다.

나는 _____ 이다.

2) 자기분석

자기분석은 자신을 객관적으로 관찰하여 당면한 문제 해결에 도움을 줄 수 있다. 자신에 대한 그동안의 정보를 구체적인 질문과 틀로써 살펴보면 자신을 성찰함과 동시에 객관적으로 관찰할 수 있는 기회가 된다. 객관적으로 분석된 자료들로 문제를 해결할 수 있는 최선의 방법을 찾을 수 있으며 앞으로의 계획과 미래를 준비하는 데 도

움을 준다. 자기분석을 위해서는 자신탐색을 위한 질문, 성격의 분석, SWOT분석 등
의 방법을 사용할 수 있다.

⊛ SWOT 분석

	긍정적 요소	부정적 요소
내부요인	강점(Strength) 자신의 장점 또는 강점, 자신의 핵심역량	약점(Weakness) 자신의 약점, 부족한 점
외부요인	기회(Opportunity) 기회 또는 도움이 될 수 있는 환경이 나 사람	위협(Threat) 나에게 불리하거나 위협이 되는 환경 이나 사람

3) 자기개방

자기개방은 나 자신에 대하여 타인이 모르는 부분에 대하여 알려주며 노출시키는 것
이다. 자신에 대한 여러 정보와 함께 주관적인 느낌이나 생각, 가치관, 습관, 감정 등이
이에 해당된다. 예를 들어 자신이 어렸을 때 외국에 살았기 때문에 한국의 문화가 어색
하며 다른 사람들이 봤을 때 예의 없다고 생각할 수 있다. 그런 경우 자신이 외국에서
살았다는 정보를 오픈한다면 서로를 이해할 수 있는 소통의 계기가 된다. 자기개방은
자신을 개방하고 노출함으로써 오해나 갈등의 소지를 줄일 수 있으며 올바른 관계를
맺게 할 수 있는 계기가 되어 서로 간에 신뢰감을 높일 수 있다.

하지만 자기개방은 먼저 자신에 대한 수용성을 전제로 한다. 내가 내 자신을 이해
하고 수용하는 과정에서 상대방에 대한 이해도와 수용성은 높아지며 서로의 신뢰감이
형성된다. 또한, 상대방의 피드백을 받아들이며 자신을 노출시킬 수 있다. 이러한 관
계 속에서 자기개방은 자연스럽게 확대될 수 있다. 이 모든 것의 전제는 자신에 대한
이해가 선행되어야 한다는 점을 인지해야 한다.

3. 조해리 창(Johari Window)

미국의 심리학자인 조셉 루프트(Joseph Luft)와 해리 잉햄(Harry Ingham)이 발표한 이
론으로서 '조해리'는 두 사람 이름의 앞부분을 따서 이름을 붙인 것이다. 조해리 창은
자신에 대한 이해를 도울 수 있는 도구로 다른 사람과의 관계 속에서 자기 자신을 더
잘 이해하며 자신의 성향과 개선점을 찾도록 해주는 도구다. 4가지 영역으로 나누어
져 있으며 각각 열린 영역(open area), 맹인영역(blind area), 숨겨진 영역(hidden area), 미
지의 영역(unknown area)으로 구분된다. 이는 자기공개(self-disclosure)와 피드백(feedback)
을 통해 각각의 영역으로 나뉘어 이동하게 된다.

1) 열린 영역(open area)

　열린 영역은 자신에 대하여 나도 알고 타인도 알고 있는 영역이다. 자신에 대한 정보가 공개적으로 알려져 있다. 나이, 성별, 키, 학력 등이 이에 속한다. 이 영역이 넓은 사람은 대인관계, 자기표현, 타인에 대한 경청, 친밀감 등이 원활하며 열린 영역이 넓을수록 인간관계가 원만하다.

2) 맹인영역(blind area)

　맹인영역은 남들은 자신에 대하여 알고 있지만 자신은 모르는 영역이다. 자신에 대하여 미처 인지하지 못한 행동방식, 습관, 성격, 태도 등이 이에 속한다. 이 영역이 넓은 사람은 자신의 스타일대로 감정이나 의견을 잘 표현하는 스타일로 타인에 대한 경청에 관심을 기울일 필요가 있다.

3) 숨겨진 영역(hidden area)

　숨겨진 영역은 자신은 알지만 타인은 모르는 영역이다. 타인에게 숨겨진 부분으로 자신에 대한 사소한 정보부터 자신의 약점, 비밀스런 부분까지 포함된다. 이는 스스로 자신에 대하여 공개하지 않기 때문에 타인이 알지 못하는 부분과 의도적으로 숨기는 부분까지 해당되며 이 영역이 넓을수록 자신에 대한 개방과 타인과의 적극적인 교류가 필요하다.

4) 미지의 영역(unknown area)

　미지의 영역은 자신에 대하여 자신도 모르고 타인도 모르는 영역이다. 자신에 대하여 자신도 인지하지 못하는 부분이 많으며, 타인에게는 자신의 노출을 꺼리며 소통하지 않는 경우 이 영역에 해당될 수 있다. 혼자 있는 것을 즐기는 유형으로 타인과의 적극적인 노출과 피드백이 필요한 영역이다.

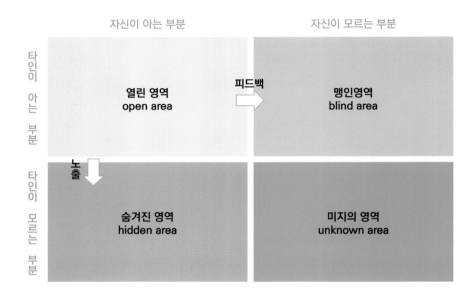

조해리 창 진단

번호	문항	그렇지 않다 → 그렇다
1	나는 잘 몰랐을 경우에는 이를 바로 인정한다.	1---------10
2	나는 납득하기 어려운 지시를 받을 경우 지시한 이유를 물어본다.	1---------10
3	나는 다른 사람의 잘못을 지적할 필요가 있을 때에는 직접 말한다.	1---------10
4	나의 의견에 대해 남들이 어떻게 생각하는지 물어본다.	1---------10
5	나의 느낌을 솔직하게 표현한다.	1---------10
6	다른 사람의 감정을 존중한다.	1---------10
7	나는 걱정거리가 생길 경우, 터놓고 의논한다.	1---------10
8	나 혼자 이야기를 계속하여 남을 짜증나게 하지 않는다.	1---------10
9	남의 의견이 나와 다른 경우, 나의 생각을 말하고 함께 검토해 본다.	1---------10
10	나는 아이디어를 권장하고 대화를 독단적으로 끌고 가지 않는다.	1---------10

11	내 잘못을 숨기거나 남의 탓으로 돌리지 않는다.	1---------10
12	다른 사람의 충고를 잘 받아들인다.	1---------10
13	달갑운 일이 아닐지라도 남들이 알아야 할 사항이라면 알려준다.	1---------10
14	진심으로 남의 이야기를 들어준다.	1---------10
15	말하기 거북한 내용을 거리낌없이 말한다.	1---------10
16	나는 변명을 하지 않고 비판에 귀를 기울인다.	1---------10
17	나는 있는 그대로를 나타내며 가식이 없는 편이다.	1---------10
18	나에게 찬성하지 않는다고 남의 마음을 상하게 하지 않는다.	1---------10
19	나는 확신하는 것을 굽히지 않고 말한다.	1---------10
20	나는 다른 사람에게 그들이 생각을 발표하도록 권장한다.	1---------10

(1)	번호	1	3	5	7	9	11	13	15	17	19	총점 (자기공개)
	값											
(2)	번호	2	4	6	8	10	12	14	16	18	20	총점 (피드백)
	값											

출처 : 충청대학교 창의인성센터(2019), 내하출판사 수정보완

　(1)의 총점은 세로축, (2)의 총점은 가로축으로 상하좌우 선을 그으면 4개의 분할영역이 생긴다.

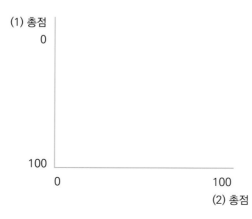

Action 2

◈ 나의 영역은 어디에 속한다고 생각하는가?

◈ 각 영역(열린 영역, 맹인영역, 숨겨진 영역, 미지의 영역)에 해당되는 것들은 무엇인가? 적어 보시오.

◈ 나의 노출을 방해하는 것은 무엇인가? 노출해야 할 것은 무엇인가?

Action 3 - 자기소개하기

자기인식의 여러 활동 등을 토대로 자유롭게 작성해 보세요.

1. 자신에 대한 기본적인 정보

_____

_____

2. 자신의 장단점(특징)

_____

_____

3. 타인에게 알려주고 싶은 한 가지

_____

_____

4. 나의 미래계획

_____

_____

5. 기타

_____

_____

인생태도 체크리스트

인생이란 이렇게 OK와 not OK를 반복하면서 왔다 갔다 치열한 혈투를 벌이는 결투장인지도 모른다. 내가 내 인생에서 OK라고 외칠 것인지 아니면 not OK라고 외칠 것인지는 결국 인생을 보는 나의 태도에 달려 있는 것이다. 그리고 이런 나의 태도는 결국 내 주변 사람들에게 그대로 영향을 주는 것이다.

아래에 있는 48개의 문장에 대해 그렇다고 생각되면 2점, 그렇지 않다고 생각되면 0점, 어느 쪽도 아니라고 생각되면 1점을 체크해 마크(♥♠◆♣)별로 집계한다. 하트(♥)와 스페이드(♠)는 자신에 대해, 다이아몬드(◆)와 클로버(♣)는 타인에 대한 긍정, 부정의 자세를 나타낸다.

나 자신에 대해

1. 나는 하루하루를 충실하게 살아가고 있다 (♥)

2. 나는 마음이 여려서 상처받기 쉬운 편이다 (♠)

3. 나는 스스로 능력이 없다고 느낄 때가 많다 (♠)

4. 나는 실패를 두려워하지 않는 편이다 (♥)

5. 나는 나를 좋아한다 (♥)

6. '무엇 때문에 이런 일을 하고 있는 것인가?'라고 생각하는 일이 있다 (♠)

7. 내가 하고 싶은 일이라도 상대가 싫어할 것 같으면 그만둔다 (♠)

8. 나는 말과 행동에 자신감이 부족하다 (♠)

9. 나에게는 아직 드러나지 않은 재능이 잠재해 있다고 생각한다 (♥)

10. 상대가 나를 비난하면 나는 아무런 대꾸도 하지 않는다 (♠)

11. 나는 좋아하는 사람에게는 스스로 다가간다 (♥)

12. 대부분의 일에 대해 '하면 된다'라고 생각한다 (♥)

13. 나는 남들이 나를 좋아한다고 생각한다 (♥)

14. 나는 하기 싫은 일이라도 해야 할 필요가 있다고 생각되면 곧 기분을 전환해서 할 수 있다 (♥)

15. 나는 앞으로 하고 싶은 일과 포부가 있다 (♥)

16. 나는 일을 하려고 들면 어쩔 수 없이 욕은 먹게 마련이라고 생각한다 (♥)

17. 나는 나의 속마음을 내보이기가 두렵다 (♠)

18. 내가 먼저 남들에게 접근해 가는 일은 드물다 (♠)

19. 자신의 사고방식에 대해 만족하고 있다 (♥)

20. 상대가 화제로 삼고 싶지 않아 하는 일은 잘 이야기하지 않는다 (♧)

21. 무엇을 하든 "잘되지 않는다"는 생각이 든다 (♧)

22. 남들과 비교해 보면 나는 부족한 점이 많다 (♧)

23. 나는 누구에게도 할 말은 다 하는 편이다 (♥)

24. 내가 친절하게 대하면 상대가 부담스러워하지 않을까 염려한다 (♧)

점수계 : ♥(I'm OK) = (점), ♧(I'm not OK) = (점)

・다른 사람에 대해

1. 이 사람이 있어서 좋았다고 생각하는 일이 많다 (◆)

2. 다른 사람들과 함께 일하면 잘 안 되는 경우가 많다 (♧)

3. 내 취향에 맞지 않는 사람들과는 어울리고 싶지 않다 (♧)

4. 다른 사람이 하는 이런저런 이야기를 듣는 것을 좋아한다 (◆)

5. 상대가 친절하게 대해주는 것이 부담스럽게 느껴질 때가 많다 (♧)

6. 내가 일부러 찾지 않아도 상대의 장점을 감지할 수 있다 (◆)

7. 남이 실패하거나 궤도이탈을 하더라도 그의 능력과 됨됨이를 믿는다 (◆)

8. 사고방식이 다른 사람과도 잘 어울린다 (◆)

9. "연애란 이런 거다"라고 딱 잘라 말하는 경향이 있다 (♧)

10. 나는 남의 단점을 잘 꼬집는 편이다 (♧)

11. 상대와 싸움을 하더라도 해결의 실마리를 스스로 만들어내는 편이다 (◆)

12. 귀찮은 일에는 가능한 한 관여하고 싶지 않다 (♧)

13. 상대가 먼저 나에게 접근해 온다면 좋겠다 (◆)

14. 즐거워하는 사람을 보고 있으면 나까지 즐거워진다 (◆)

15. 다른 사람들을 보면 사람을 믿어서는 안 된다는 말이 실감난다 (♧)

16. "나라면 저렇게 하지는 않을 것인데…"라고 생각하는 경우가 많다 (♧)

17. 문제가 생기면 다른 사람의 탓으로 돌리는 경우가 많다 (♧)

18. 남의 말을 듣고 마음속에서 호감이 우러나오는 것을 자주 느낀다 (◆)

19. 업무 이외의 개인적인 이야기는 거의 안 하는 편이다 (♤)

20. 상대의 무신경함에 화를 내는 일이 있다 (♤)

21. 상대가 잘못하는 점이 있더라도 언젠가는 좋아질 거라 믿는다 (◆)

22. 상대가 마음에 들지 않고 "왜 저 모양인가"라고 생각할 때가 있다 (♤)

23. "당신과 있으면 안심"이라는 말을 상대에게 자주 듣는다 (◆)

24. 상대가 하는 말을 그대로 믿는 편이다 (◆)

점수계 : ♥(I'm OK) = (점), ♤(I'm not OK) = (점)

• 인생태도 분석표

I'm not OK ------------------------ I'm OK
24   12   12   24

You're not OK ------------------------ You're OK
24   12   12   24

• 나의 인생 태도의 유형

[제1태도] 자기부정 – 타인긍정 (I'm not OK, You're OK)

성장 초기에 취하는 태도로 다른 사람과 비교하여 무력감을 느낀다. 다른 사람으로부터 멀어지려 하며, 강한 사람에게만 의지한다. "나의 인생은 그렇게 가치 있지 못하다. 네 것과 비교할 만한 가치 있는 어떤 것도 없다"는 자책과 회피적인 태도가 깔려 있다.

[제2태도] 자기부정 – 타인부정 (I'm not OK, You're not OK)

사회생활에서 연속적 실패 경험 시에 나타나는 태도로, 인생이 무가치하고 아무것도 좋은 일이 없다는 절망감과 허무감에 빠진 상태이며, 타인으로부터의 애정이나 관심을 거부하고, 대인관계도 단절된다. 심하면 우울하고 예측할 수 없는 행동을 하게 된다. "인생은 아무런 가치가 없는 것이다. 쓸 만한 것은 아무것도 없다"라는 식의 불신과 포기의 감정이 저변에 깔려 있다.

[제3태도] 자기긍정 – 타인부정 (I'm OK, You're not OK)

자기자신이 희생되고 박해받는다는 느낌으로 생성된다. 자기 감정에 맞지 않는 것을 배제하며, 자신감이 지나쳐 마찰의 우려가 있다. 불행의 원인을 남의 탓으로 돌린다. "너의 인생은 그렇게 가치 있지 못하다. 자신의 길로부터 벗어나라."

[제4태도] 자기긍정 – 타인긍정 (I'm OK, You're OK)

모든 사람의 중요성을 현실적으로 수용한다. 자신의 문제를 건설적으로 해결하려 하며, 삶에 대한 기대도 타당하다. 정신적으로 건강한 상태. "인생은 살아갈 가치가 있는 것이다. 잘해보자" 협력과 공조의 태도를 보인다.

출처 : 고선미·김정아·류병진(2017), NCS 의사소통 액션북

자기 및 타인 이해

나의 성격은 나의 행위의 결과이다.

- 아리스토텔레스 -

자기 및 타인 이해

1. 성격 · 기질 · 행동유형에 대한 이해

성격과 기질 또는 행동의 유형을 이해하면 자신 및 타인에 대한 이해도를 높일 수 있다. 성격이란 어떤 주어진 상황에서 그가 어떠한 행동을 할 것인가를 예상케 하는 한 사람의 일관된 행동양식으로 개인이 가지고 있는 고유의 성질이나 품성을 의미한다. 기질은 성격의 타고난 특성과 측면들로 자극에 대한 민간성이나 특정유형의 정서적 반응을 보여주는 개인의 성격적 소질이다. 행동유형은 행동패턴 또는 행동스타일이라고 말할 수 있다. 이는 성장하면서 독특한 동기요인으로 인해 선택된 일정한 방식으로 행동을 취하면서 하나의 경향성을 이루어 행동으로 이어지게 된다. 우리는 성격및 기질 또는 행동유형을 진단하는 진단도구 등을 이용하여 자신 및 타인에 대한 이해도를 높이고 자신을 개발하는 데 도움을 받고 있다.

2. 행동유형 DISC 이해

행동유형은 똑같은 상황이나 장면에서 사람마다 모두 다른 행동반응을 나타내게 되는데 이로 인하여 사람 간에 이해의 불일치 등의 오해가 생기게 되고 갈등이 시작된다. 따라서 각 사람에 대한 특징, 즉 유형별 행동특징에 대하여 이해할 필요가 있다.

DISC는 1928년 미국 컬럼비아 대학 심리학교수인 William Mouston Marston 박사가 독자적인 행동유형모델을 만들어 설명한 것이다. Marston 박사에 의하면 인간은 환경을 어떻게 인식하고 또한 그 환경 속에서 자기 개인의 힘을 어떻게 인식하느냐에 따라 4가지 형태로 행동하게 된다고 한다. 주도형(Dominace), 사교형(Influences), 안정형(Steadiness), 신중형(Conscientiousness)의 첫 글자를 따서 DISC라고 한다.

DISC는 상황과 환경에 따라 변화 가능하며 좀 더 높은 유형과 낮은 유형이 존재하는데 좀 더 높은 유형을 그 사람의 유형으로 표현하게 된다. 그래서 한 가지의 유형만 가지고 있는 것이 아니라 때로는 두세 가지 유형도 함께 존재할 수 있다. 하지만 특정 상황에서 행동유형을 관찰하면 두드러지는 유형의 특징을 관찰할 수 있으며 이에 따라 어떻게 이해하고 반응하느냐에 따라 좋은 관계로 이어나갈 수 있다.

DISC는 현재 의사소통 향상, 갈등관계 관리, 리더십, 대인관계, 고객응대 관리 등에서 접목하여 사용되고 있다.

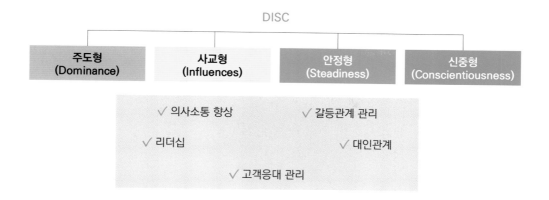

3. DISC 유형별 특징

    사람의 행동유형에 따라 주도형(Dominace), 사교형(Influences), 안정형(Steadiness), 신중형(Conscientiousness)으로 나누게 되며 이는 진단지를 통해 진단하게 된다. 또는 그 사람이 행동하는 모습을 보고 그 유형을 짐작하여 유추할 수 있다.

1) 주도형

    주도형은 목표 지향적이고 도전적인 유형으로 성과에 대한 욕구가 강한 사람들이다. 자신에 대한 자의식이 높으며 통제력을 잃는 것에 두려움을 가지는 특징이 있다. 이들은 의사결정이 빠르며 다른 사람의 행동을 유발하는 등 리더십을 발휘한다. 도전에 의해 동기부여를 받으며 어려운 문제를 받아들이는 특징이 있다.

2) 사교형

사교형은 낙천적이고 사람중심의 유형으로 사회적 인정에 대한 욕구가 강하다. 사람들과의 접촉을 좋아하며 유쾌하고 호의적인 인상을 전달하게 된다. 여러 일과 활동을 좋아하며 열정적인 스타일이지만 집단으로부터 소외되거나 거절당하는 것에 대한 두려움을 가지고 있다.

3) 안정형

안정형은 사람중심의 관계를 중요시하는 유형으로 안정된 상황을 추구한다. 이들은 일반적으로 일관성이 있으며 팀지향적으로 행동한다. 상대방에 대한 배려와 경청이 뛰어나며 다른 사람을 돕고 지원하는 유형으로 안정과 조화를 추구한다.

4) 신중형

신중형은 과업중심의 유형으로 분석적이고 정확하다. 자신에 대한 기준이 높기 때문에 자신의 일에 대한 비판에 대한 두려움을 가지고 있다. 세심하고 정확함을 추구하며 기준 및 정확함을 통해 동기부여를 한다.

D (주도형)	I (사교형)	S (안정형)	C (신중형)

– 뚜렷한 성과를 냄
– 활기있게 행동함
– 도전을 받아들임
– 지도력이 있음
– 빠르게 결정함
	– 사람과 접촉함
	– 호의적인 인상을 줌
	– 타인에게 동기유발을 함
	– 사람을 즐겁게 함
	– 그룹에 참여
		– 고정직무를 수행함
		– 인내심이 있음
		– 직무에 전념함
		– 타인을 배려하고
		  협력함
		– 남의 이야기를 경청
		  해 줌
			– 세부사항에 신경 씀
			– 익숙한 환경 선호
			– 일의 정확한 처리
			– 사고방식이 엄격
			– 상황을 분석하고 위험
			  요인을 파악함

출처 : 한국교육컨설팅연구소

4. DISC 행동유형의 매트릭스

　DISC는 사람중심과 과업중심, 그리고 행동 속도의 빠름과 느림으로 4가지 유형으로 나누어지게 된다. 사람중심 유형은 사교형과 안정형이 이에 속하며 이들은 일보다 사람을 중요하게 생각하며 사람중심의 행동경향을 나타내게 된다. 주도형과 신중형은 과업중심으로 사람보다는 과업중심으로 행동경향을 나타낸다. 속도에서는 주도형과 사교형은 행동 및 말, 업무처리 등의 속도가 빠른 편이며 안정형과 신중형은 행동과 업무 처리 등의 속도가 다소 느린 편에 해당된다.

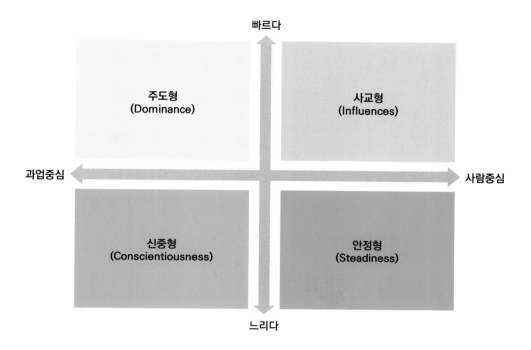

5. DISC 행동유형의 강약점, 대인관계, 단체생활의 특성

유형	강점	약점	대인관계	단체생활
D (주도형)	용기 있는 태도 목표 지향적이다 자신감 있다 경쟁적이다 의지가 강함 솔직한 태도 빠르고 정확함 사리판단 분명함	참을성 부족 자만심 있다 공격적 태도 욱 하고 화를 냄 무모한 태도 비정하다 독재적이다 지나친 보스기질	단체활동 중시 친구에 대한 소중함 이 약함 남을 지배한다 자신이 결정함 사과에 약함 대처능력 우수 리더십 탁월	과정보다 결과를 우 선시한다 수단방법 안 가림 조직적이다 타인에게 짜증냄 타인을 조종함 경쟁에서 이기고 싶 어 한다

45

I (사교형)	낙천적이다 상상력 풍부 사교적이다 열정적이다 자발적이다 긍정적이다 재미있다 유쾌하다	말이 많다 공상적이다 충동적이다 체계적이지 못함 감정적이다 무질서하다 진지하지 못함 단순하다	친구를 잘 사귐 사람을 좋아함 칭찬과 인기에 연연한다 참견을 잘함 결정에 미숙하고 지연시킨다 말실수 잦음	열정적이다 말이 앞선다 용두사미 무질서하다 시간개념이 약하다 감정적으로 결정할 때가 많다
S (안정형)	안정적이다 성실한 태도 부드러운 마음 남을 잘 돕는다 차분하다 협력적인 태도 배려한다 양보한다	열정 부족 변화를 싫어한다 줏대가 없음 연약하다 지나치게 상대를 의식한다 모험을 싫어한다 갈등을 싫어한다	함께 잘 지낸다 기분을 잘 맞춤 동정·애정이 많다 변화를 싫어함 계획에 무관심함 타인에 관여하지 않는다	성실하다 협조와 협력을 잘한다 압박·갈등에 약하다 실천력이 부족함 강요·재촉당하는 것을 싫어함
C (신중형)	냉철한 판단력 분석적이다 치밀함·섬세함 계획적이다 언행일치 신뢰감 있다 높은 이상 추구 양심적이다 시간 준수	비사교적이다 의심이 많다 비판적이다 작은 것과 틀에 얽매인다 완벽주의 계획에 얽매임 지나치게 걱정함 융통성 부족	친해지기 힘들다 남을 의심한다 스스로 알아서 일한다 적대적, 복수심 강하다 혼자 하는 것을 좋아한다 말수가 적음	치밀하다 계획적이다 끈기·인내력 탁월 사람을 기피한다 언행이 일치함 심각한 고민이 많다 속내를 잘 드러내지 않는다

출처 : 김나위(2017)

Action 1

같은 유형끼리 조를 이루어 공통된 특징을 찾아보세요.

◈ 우리 유형의 장점

_____

_____

_____

◈ 우리 유형의 단점

_____

_____

_____

◈ 우리 유형의 의사소통 스타일

_____

_____

_____

Action 2

유형에 따른 관계 전략을 세워보세요.

D (주도형)	I (사교형)	S (안정형)	C (신중형)

나와 맞지 않는 한 명을 생각해 보고 그 사람의 유형과 관계 개선을 위한 방안에 대하여 작성해 보시오.

	나의 유형 : 　　　　　　　상대방의 유형 :
관계 개선 및 의사소통 방안	

인성수업
워크북

한 주의 **감사**

Chapter **4**

가치관

생각대로 살지 않으면
사는 대로 생각하게 된다.

- 폴 부르제 -

가치관

1. 가치관의 개념

가치관이란 특정 사회 내에서 개인적으로 무엇이 맞고 틀린지, 옳고 그른지, 바람직하고 바람직하지 않은지에 관한 자신의 구체적인 행동방식과 신념이다. 이는 '내가 무엇을 중요하게 생각하는가'에 따라 자신의 행동으로 나타나며 구체적인 상황에서 선택이나 판단의 기준에 영향을 미치게 된다. 그리고 행동의 원인을 파악하며 미래의 행동을 예측하는 수단이 되기도 한다.

가치관은 시대와 문화, 종교에 따라 중요하게 생각하는 가치관이 다를 수 있다. 그래서 과거에 중요하게 생각했던 가치관이 현대에는 그 중요성이 떨어질 수 있으며, 다른 나라와 문화의 가치관도 다르게 생성될 수 있다. 그렇다면 한국 사람들에게 가장 중요한 가치관의 영역들은 무엇일까? 이에 대하여 학자마다 다르게 정의할 수 있지만, 행복·만족도, 결혼 및 가족생활, 직장·경제생활, 성공, 근면, 노후생활, 사회·문화활동, 사회 및 국가의식 등의 가치에 대한 관심을 가지고 있다.

2. 가치관 확립의 중요성

　개인의 가치관은 삶의 의미를 깨달으며 가치를 부여하고 목적을 향해 나아가는 삶을 가능하게 한다. 하지만 자신의 가치관이 정립되지 않았다면 자신의 삶에 대하여 진지하게 생각해 보지 못함으로써 여러 환경에 유혹받거나 다른 사람의 의견에 쉽게 흔들리며 자신의 주관을 가지기 어려워진다. 또한, 삶의 의미와 가치를 찾지 못하고 방황할 수도 있다. 이러한 경우 목적 없는 일상이 무의미하게 느껴질 수 있다. 그런 의미에서 가치관을 형성해서 어떤 가치관을 가지고 살아가는지는 중요한 부분이다. 그 사람의 삶의 방향과 행복을 결정지을 수 있기 때문이다.

---

1. 명확한 가치관은 동기를 부여한다.
2. 명확한 가치관은 의사결정에 도움이 된다.
3. 명확한 가치관은 성장의 토대가 된다.
4. 명확한 가치관은 내적 평안을 준다.

출처 : 게리 콜린스, 『코칭바이블』

---

3. 나의 가치관 찾기

　나의 가치관을 찾기 위해서 다음의 단계들을 참고해 볼 수 있다.

① 나의 삶에서 중요하다고 생각하는 것은 무엇인가?

　예를 들어 가족관계가나 인간관계, 또는 자신의 성장, 사회봉사 등 내가 중요하다고 생각하는 것들을 최소 5개 이상 적어보자.

② 가치 철학 찾기

자신에게 가장 중요한 가치 3~5개를 다음 리스트에서 찾아보자. 그리고 이 중에서 3개의 핵심가치를 선택해 보자.

가족	성공/성취*	자아확장
감사	성관계*	자연
감성	성장/진보	자유
개척/헌신	신뢰/충성	전문성/기술력
건강/활력/에너지	아름다움/미	전통
겸손	안락/평안함*	정의/공평성
공동체	여행	조화
관계/연결감	역사	존경/존중
권력*	열린 마음	존재

기쁨/즐거움/재미	열정/열광	존재론
기여/영향력	영성/수행	교육/학습/배움
낙관주의/긍정/희망	예술	지위*
다양성/새로움/신미	외모*	지혜
단순함	용기	진리/현실
독립/자율	우아/기품	진정성/정직함
독특성	우정	질서
리더십	유머/웃음/쾌활함	창조/창의력/독창성
마음의 평안/평온/안정	유희/자발성	친절/관대
명성/유명세*	의리	컨트롤*
명예/영광	의사소통	탁월성
명확성	의식/앎	탐험/탐구
모험	아버지/남 돌봄	팀워크/협동
목적/사명	이성/논리	평등/포용력
믿음/종교/숭배/신	인정*	평판/인정*
부/재력/돈*	자극/쾌락*	평화
사랑	자기계발/자아실현	헌신
사치*	자기표현	호기심
생산성/효율성	자비/연민	환경

* 진심이 아닌 강박에 가까울 위험이 있음

출처 : 알렉스 롱구(2021), 『의미있는 삶을 위하여』, 수오서재

③ 나의 가치철학을 찾았다면, 다음으로 나의 가치관을 찾아볼 필요가 있다. 먼저 '나의 인생에서 가장 중요한 것은 무엇일까?'에 대한 답을 다음에 써보자. 가장 중요한 것부터 작성해 보자.

내가 생각하는 가치관 목록

4. 자기 사명서 작성

사명은 '내가 왜 존재하는가'라는 물음에 대한 답이다. 즉, 존재의 이유이다. 사명을 글로 작성함으로써 자신의 목표를 명확히 하며 동기부여를 일으킬 수 있다. 또한 자신의 가치철학을 토대로 어떻게 살아갈 것인지에 대한 고민이 필요하다. 이를 위해 앞서 수행했던 가치 및 가치관을 먼저 작성할 필요가 있으며 자신이 선정한 가치 중에서 가장 중요한 가치를 토대로 자신의 존재 이유를 생각해 볼 수 있다.

이를 한 문장으로 표현하여 자신의 사명, 존재 이유를 작성할 수 있다. 자기 사명서에는 자신의 가치, 사명, 비전, 목표, 가치관 등으로 자유롭게 작성할 수 있다.

- 사명 : 어떻게 살아갈 것인가? 존재의 이유

- 비전 : 내가 꿈꾸는 미래의 청사진, 장기적인 목표

- 목표 : 인생의 길이를 3막 또는 4막, 혹은 10년 단위의 목표

- 핵심가치 : 가장 소중하게 지키는 가치이자 신념

✅ 자기 사명서 작성 프로세스

| STEP 1
핵심가치
찾기 | STEP 2
나의 가치관
만들기 | STEP 3
사명
찾기 | STEP 4
핵심가치
찾기 | STEP 5
목표
배우기 |

내가 중요하게
생각하는 가치?

나의 인생에서
가장 중요한 것은?

1. 어떻게 살아갈 것인가? 내가 기
   여하고 제공하고자 하는 것은?
2. 어떤 영역에서 누구에게 영향력
   을 발휘할 것인가?
3. 어떤 방법으로 이루어갈 것인가?

사명을 달성하기 위한
미래의 청사진은 무엇
인가?

비전을 달성하기 위한
목표는 무엇인가?
10년 단위 작성

Action 1

⊗ 다음을 글로 작성해 봅시다.

	내용
사명	
비전	
목표	1. 2. 3.
핵심가치	

Action 2

자신의 사명서를 작성하고 친구들에게 자신의 사명을 발표해 보는 시간을 갖자.

..................................의 **사명선언문**

나의 사명은 ....

....

....이다.

나는 이 사명을 완수하기 위해

...............년 까지 ....달성하며

...............년 까지 ....완수하며

...............년 까지 ....완성할 것이다.

..................년   월   일

성명 ....

타인과의 관계 역량

자존감

남들이 당신을 어떻게 생각할까
너무 걱정하지 마라.
남들은 그렇게 당신에 대해
많이 생각하지 않는다.

- 사무엘 베케트 -

Chapter 5

자존감

1. 자존감의 개념

심리학에서 자존감은 '자신에 대한 전반적인 평가'(Coopersmith, 1967) 혹은 '자신에 대한 긍정적 평가와 관련되는 것으로 자기존경의 정도와 자신을 가치있는 사람으로 생각하는 정도'(Rosenberg, 1965)를 의미한다.(양난미·이동귀·박현주, 2013 재인용) 즉, 자신을 가치있다고 생각하며 만족하고 사랑하는 정도를 의미한다.

자존감 구성요인은 3가지로 자기효능감, 자기조절감, 자기 안정감이다. 안정적인 자존감을 위해서는 3가지가 함께 필요하다. '자기효능감'은 자신이 얼마나 쓸모 있는 사람인지 느끼는 것을 의미하는 것으로 자신이 어떤 일을 성공적으로 수행할 수 있는 능력이 있다고 믿는 기대와 신념을 의미한다. 이는 업무적인 부분에 대한 자신감 등으로 설명할 수 있다. 자기효능감이 낮은 사람은 어려운 과제에 대해 쉽게 포기하거나 도전하지 않는 성향이 높다. '자기조절감'은 자신이 하는 일을 선택해서 할 수 있다는 느낌을 의미한다. 자유로움이 충족되어야 자존감이 높아진다는 것이다. '자기 안정감'

은 자존감의 바탕이 되는 것으로 안전감과 편안함을 느끼는 능력을 의미한다.

2. 자존감의 중요성

　자존감은 행복감에 영향을 주는 요인으로 최근 경쟁사회로 인한 이기주의, 개인주의가 성행하게 됨으로써 행복에 대한 관심과 함께 자존감에 대한 관심이 높아지고 있다. 특히 대학생은 사회진출을 앞두고 취업준비를 하며 직장에 들어가 새로운 환경에 놓이게 되면서, 자존감이 떨어지는 상황에 맞닥뜨리게 된다. 그렇기 때문에 안정된 자존감을 통해 다양한 상황에서 자신의 자존감을 손상시키지 않으며 자존감을 향상시킬 수 있도록 준비할 필요가 있을 것이다.

　직장에서는 치열한 경쟁사회에서 다른 직원들과의 비교와 경쟁, 평가와 승진, 갈등과 어려운 근무환경 등으로 인하여 자존감이 낮아지는 여러 상황에 처하게 된다. 고객과의 관계에서도 나의 잘못과 상관없이 자존감이 떨어지는 상황에 직면하게 되는 경우가 종종 있다. 하지만 자존감이 높은 사람들은 건강한 자존감으로 어려운 상황들을 긍정적으로 헤쳐 나가며 자신의 더 큰 성장을 이루어 나가게 된다. 반면 자존감이 낮은 사람들은 더욱 떨어진 자존감으로 자신의 실력과 능력을 제대로 발휘하지 못한 채 낙심하며 사회생활에 적응하는 데 어려움을 겪게 된다.

　이처럼 자존감은 대인관계 및 자신의 학업과 일 등 자기 삶의 전반적인 부분에 심리적 영향을 미치게 되며, 행복에도 영향을 준다. 그렇기 때문에 대인관계 및 의사소통에서 관계를 맺는 기술과 방법을 터득함과 동시에 예기치 않은 상황에서도 자신을 가치있게 생각할 수 있도록 자존감을 향상시킬 수 있는 방법을 터득하여 자신감 있고 적극적인 대인관계를 이루어 나갈 필요가 있다.

3. 자신감, 자만심, 자존심의 차이

자신감, 자만심, 자존심은 자존감과 비슷하게 혼동하여 사용하는 경우가 있다. 각각의 정의를 다시 한번 살펴봄으로써 건강한 자존감에 대하여 생각해 보자. 자신감은 자신에 대하여 스스로 믿는 감정으로 무엇인가를 스스로 이루어낼 수 있다는 느낌을 말한다. 곧 자신이 어떤 과업을 수행하는 데 있어 충분히 할 수 있다고 생각할 때 자신감은 높아진다.

자만심은 자신이나 자신과 관련 있는 것을 스스로 자랑하며 뽐내는 마음으로 자신에 대하여 지나치게 높게 평가하는 것이다. 이는 자신이 해야 할 과업의 난이도를 지나치게 낮게 잡을 때 자만심이 생기게 된다. 또는 자신감이 과하면 자만심으로 이어질 수 있다.

자존심은 남에게 굽히지 않고 자신의 품위를 스스로 지키는 마음으로, 자존감이 자신 스스로를 존중하는 마음이라면, 자존심은 타인에게 존중받고자 하는 마음이다. 자존감이 떨어지면 느낄 수 있는 감정으로 상한 감정을 의미한다.

🔽 자존감과 자존심의 비교

	자존감이 높은 사람	자존심이 높은 사람
자신에 대한 사랑	자신을 사랑하고 소중히 여김 '내 존재만으로 행복해'	자신을 너무 사랑하되 다른 사람들보다 자신이 낫다고 생각
타인에 대한 관심	자신 및 타인에 대하여 관심을 가지며 걱정함	시선과 관심 등이 타인보다는 자신에게 집중됨
타인과의 비교	비교하지 않으며 다름을 인정	타인과 비교하며 우월감으로 남들보다 낫다고 생각 '내가 너보다 더 공부 잘하거든' '내가 너보다 더 돈이 많거든'
비판을 받아들이는 태도	자신의 단점을 잘 인식하며 타인의 비판을 받아들임	비판 듣는 것을 참을 수 없어 함

경청	상대방을 존중하며 경청	상대를 무시하는 경향이 있으며 듣는 것을 잘 못함

다음의 자존감 지수를 체크해 보고 점수를 모두 더해주세요.

항목	전혀 아니다	대체로 아니다	대체로 그렇다	거의 그렇다
1. 나는 다른 사람만큼 가치가 있는 사람이다.	1	2	3	4
2. 나는 별 어려움 없이 내 마음을 결정할 수 있다.	1	2	3	4
3. 나는 좋은 장점을 많이 갖고 있다.	1	2	3	4
4. 나는 다른 사람들만큼 일을 해나갈 수 있다.	1	2	3	4
5. 나는 행복한 사람이다.	1	2	3	4
6. 나는 나 자신을 잘 안다.	1	2	3	4
7. 나는 쉽게 포기하지 않는다.	1	2	3	4
8. 나를 좋아해 주는 사람이 많다.	1	2	3	4
9. 나는 스스로에게 긍정적인 태도를 갖는다.	1	2	3	4
10. 나는 현재 내가 하는 일에 만족한다.	1	2	3	4

출처 : 로젠버그 자존감 척도 보완 사용

▶ 10개 문항의 점수를 모두 더합니다.

▶ 나의 점수는 몇 점입니까?

■ **점수**
- 30점 이상   : 높음
- 20~29점   : 보통
- 19점 이하   : 낮음

※ **점수가 20점 미만인 사람의 경우,**
　자존감이 낮고 비감각적이며 부정적인 경향이 있으므로
　자기 자신에 대해 좀 더 긍정적으로 생각하는 노력이 필요!

4. 자존감 향상법

① 자신을 사랑하기

모든 사람에게는 장단과 단점이 있다. 하지만 자존감이 낮은 사람들은 자신의 장점보다는 단점을 먼저 생각하며 비난을 통해 자신의 자존감을 낮추는 특징이 있다. 반대로 자존감이 높은 사람들은 자신의 단점도 인정하면서 장점에 대하여 스스로 칭찬하며 자랑스러워한다. 또한 자신이 무엇을 원하는지, 무엇을 했을 때 행복한지 등 자신이 원하는 것을 채워가며 자신을 사랑할 줄 안다. 이들은 이러한 자신에 대한 사랑을 통해 자신을 더욱 성장시키며 행복한 삶을 만들어 나간다. 자신의 장점이 무엇인지 생각해 보자. 그리고 자신의 장점 10가지를 작성해 보자. 생각지 못했던 자신의 장점을 찾을 수 있을 것이다. 이를 통해 자신에 대한 긍정적 마인드를 갖게 되며 자신감을 가질 수 있을 것이다. 작은 실천을 통해 자신을 의식적으로 사랑해 보자.

나의 장점 10가지를 작성하시오.

1. _____

2. _____

3. _____

4. _____

5. _____

6. _____

7. _____

8. _____

9. _____

10. _____

② 성공 체험하기

새로운 경험 또는 자신이 성공한 체험들은 자신감을 갖게 한다. 이는 자존감으로 연결된다. 과거에 성공한 경험을 생각해 보자. 뿌듯한 생각이 들 것이다. 또한 향후 내가 성공할 수 있는 작은 목표를 세워서 노력해 보자. 이를 달성한다면 뿌듯함을 넘어 더 큰 자신감으로 성장할 것이다. 또한, 그 과정 속에서도 자존감은 형성될 것이다.

내가 1년 안에 성공을 체험할 수 있는 것은 무엇인가?

_____

_____

_____

③ 당당하게 표현하기

자신의 감정이나 의견 등을 표현하는 데 서툰 경우가 있다. 이는 감정과 의견을 표현하지 않았던 습관 때문이었을 수 있으며 방법을 모르기 때문이기도 하다. 하지만 자신의 감정과 의견을 당당히 표현하지 않다 보면 자신의 감정과 의견을 자신이 무시해 버리는 결과가 된다. 자신을 사랑한다면 자신이 무엇을 원하는지, 그리고 어떤 감정인지를 잘 파악하며 이를 올바른 방법으로 잘 전달할 수 있어야 한다. 그래서 자신이 원하는 것을 충족시킬 수 있어야 한다.

내가 그동안 당당하게 표현하지 못했던 감정이나 의견은 무엇인가?

_____

_____

_____

④ 긍정적 자기 미래상 만들기

자신의 긍정적 미래상을 만들어보자. 5년 뒤 혹은 10년 뒤의 모습을 상상해 보는 것이다. 지금은 이루어 나가는 과정이지만 꼭 경험해 보고 싶은 직업, 하고 싶은 일, 미래의 모습을 상상함으로써 의욕이 넘치는 것을 느낄 수 있을 것이다. 끊임없이 자신에게 열정과 에너지를 부여할 수 있는 자신을 만들어보자.

5년 또는 10년 후 나의 모습은?

영화추천

아이 필 프리티

뛰어난 패션센스에 매력적인 성격이지만 통통한 몸매가 불만인 '르네' 하아… 예뻐지기만 하면 뭐든 다 할 수 있을 것만 같다. 하늘에 온 마음을 담아 간절히 소원을 빌지만 당연히 달라지는 건 1%도 없고. 오늘도 헬스클럽에서 스피닝에 열중하는 '르네'! 집중! 또 집중! 난 할 수 있다! 예뻐질 수 있다…!!! 그러나 과도한 열정은 오히려 독이 되는 법. 미친 듯이 페달을 밟다가 헬스클럽 바닥에 내동댕

이쳐져 머리를 부딪히고… 지끈지끈한 머리, 창피해서 빨개진 얼굴로 겨우 일어났는데 뭔가 이상하다! 헐, 거울 속의 내가… 좀 예쁘다?! 드디어 소원성취한 '르네'의 참을 수 없는 웃음이 터진다!

출처 : 네이버 영화

Action 1

◈ '아이 필 프리티' 영화를 보고 느낀 점 작성하기

_____

_____

_____

_____

_____

_____

_____

_____

_____

_____

_____

_____

_____

_____

_____

_____

_____

_____

_____

Chapter **6**

감성 및 감정

외적인 영향에
좌우되고 싶지 않다면
자기 자신의 격렬한 감정부터
초월해야 한다.

- 사무엘 존슨 -

Chapter **6**

감성 및 감정

1. 감성의 개념 및 중요성

감성지수인 EQ(Emotional intelligence Quotient)는 자신과 다른 사람의 감정을 이해하는 능력과 감정을 통제할 줄 아는 능력을 의미하는 것으로 EQ가 높은 사람들은 타인과의 원활한 관계를 통해 자신을 성장시키며 삶을 성공적으로 이끌어간다. 또한 직장에서 고객과의 관계에서는 친절함을 느끼게 하며 불편한 상황을 편하게 풀어나가는 등 고객의 불만을 매끄럽게 해결해 나가는 것을 볼 수 있다. 즉, 사람과의 관계를 구축해 가는 능력이 뛰어나다고 할 수 있다. 의사소통을 하면서도 라포를 형성, 공감대를 이루어나가며 진정성을 느끼게 한다. Talent Smart는 백만 명이 넘는 사람들의 EQ를 분석한 결과 EQ가 일을 성공적으로 수행하는 데 58% 정도 기여한다고 밝혔으며 뛰어난 수행능력을 가진 사람들의 90%는 높은 EQ를 가졌다고 했다. 리더십 전문가 토마스(Tomas J. Neff)와 제임스(James M. Citrin)는 『Lessons from the Top』에서 사업을 1등으로 이끌고 있는 성공리더 50명의 15가지 공통 자질을 제시하였는데 15가지의 자질 중에서 단지 세 가지의 지적 혹은 기술적 능력을 제외하고는 대부분이 감성적 측면의 자질인 열정, 커뮤니케이션 기술, 동기부여, 내적 평화, 긍정태도 등의 자질을 꼽았다. 즉 성공하기 위해서는 지식과 기술도 중요하지만 그보다 감성적인 부분이 성공에 더 큰 영향을 미칠 수 있다는 것이다.

2. 정서 · 감정 · 감성의 개념

정서는 사람의 마음에 일어나는 여러 가지 감정 또는 감정을 불러일으키는 기분이나 분위기로 지속적인 감정의 상태를 의미한다. 감정과 기분을 합친 포괄적 개념이다. 감정은 자극이나 어떤 현상이나 상황에 접했을 때 마음에서 일어나는 일시적인 느낌이나 기분이다. 기쁨이나 불쾌감, 슬픔 또는 즐거움 등의 마음상태를 말한다. 감성은 이러한 감정을 느끼고 이해하며 통제하는 능력이라 할 수 있다.

3. 감성지능의 5가지 영역

하버드 대학 심리학자이자 감성리더십 전문가인 다니엘 골먼은 감성을 키울 수 있는 방법으로 다음과 같은 감성지능을 5가지 영역으로 정의하였다.

① 자신의 정서를 인식하는 능력

다니엘 골먼은 자기 내면의 소리에 귀 기울이는 '자기인식 능력'을 키우는 것이 우선이라고 주장하였으며 이를 위해 자기성찰의 시간을 통해 자신의 감성상태, 강점과 약점, 니즈, 지향점, 가치 등을 객관적으로 파악할 필요가 있다고 하였다. 자신의 정서를 인식하는 능력이 부족하면 자신의 감정상태를 파악하지 못하여 내키는 대로 행동하게 됨으로써 인간관계 및 의사소통에 부정적인 영향을 미치게 된다. 하지만 자기인식 능력이 높은 사람들은 자신의 한계 및 단점, 강점을 파악하여 모든 일에 자신감을 가지게 되며 적절한 시기에 타인의 도움을 요청할 수 있게 된다.

② 자신의 정서를 조절하고 관리하는 능력

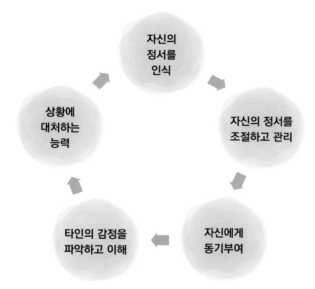

자신의 정서 및 감정을 인식하고 이를 긍정적으로 관리 및 조절할 수 있는 능력을 키우려면 긍정적인 태도와 마인드를 가질 필요가 있으며, 자신의 감정을 적절하게 표현할 수 있도록 의사소통, 마인드 전환 등 구체적인 방법 등을 통해서 실천할 필요가 있다. 자기의 정서를 조절 및 관리하는 능력이 높은 사람은 합리적인 사고와 공정함을 가지며 불확실한 상황에서도 동요하지 않는다.

③ 자신에게 동기를 부여하는 능력

자신에게 동기를 부여하는 능력은 '자기 관리 능력 키우기'로 자기의 감정을 통제하고 언제나 긍정적인 마인드를 유지하며 진취적인 자세로 업무의 성과를 높일 수 있도록 한다. 성공하는 사람들의 특징은 자신에게 동기 부여하는 능력이 뛰어난 것을 발견할 수 있다. 자신에게 동기를 부여하며 에너지를 줄 수 있는 방법을 통해 이를 실천할 수 있다.

④ 타인의 감정을 파악하고 이해하는 능력

타인인식 능력을 키우는 것으로 타인과의 관계를 유지할 수 있는 능력이다. 다른 사람의 표정이나 목소리, 행동 등을 통해 상대방의 감정을 읽어내는 능력이 뛰어나다. 타인의 미세한 변화를 캐치하여 그에 따라 자신의 행동이나 대화를 맞춰 나갈 수 있다. 요즘 직장은 팀 형태의 업무가 늘어남에 따라 타인과 좋은 관계를 유지하며 업무할 수 있는 능력이 요구된다. 이에 따라 그 중요도가 커지고 있다.

⑤ 대인관계 속에서 상황에 대처하는 능력

'관계관리능력'을 키우는 것으로 상대방과 팀의 협력을 요구하며 갈등을 해결하여 관계를 향상시킬 수 있는 능력으로 위의 4가지를 모두 통합하여 사용할 수 있다.

4. 감성 향상을 위한 방법

① 자신의 감정목표를 세운다

목표라고 하면 눈에 보이는 결과물이 생기는 것만을 생각하기 쉽지만 눈에 보이지 않는 감정이나 기분에 대해서도 필요에 따라 목표를 설정할 수 있다. 목표는 달성여부와 달성 정도를 합리적이고 구체적으로 검토할 수 있도록 설정해야 한다.

② 감정일기를 써라

내가 오늘 하루 동안 어떤 기분을 느꼈고, 이런 기분으로 인해 내가 어떤 영향을 받았는지를 적는 것이다. 이렇게 일기를 적으면 상대의 행동에 자신이 특정한 반응을 보인다는 것을 확인할 수 있다. 그리고 그 이유를 찾아보면 특정한 반응을 보이는 원인을 알 수 있어 자신의 행동을 예측할 수 있다.

③ 행동과 마음의 채널을 바꿔 좌절을 극복하라

끓어오르는 분노나 자기 정당화를 위한 화와 경멸을 경험할 때 일어나는 적대적인 에너지를 긍정적인 에너지로 바꾸는 것은 오롯이 내 몫이다. 내가 어떤 노력을 기울이느냐에 따라 좌절을 경험할 수도 성공을 경험할 수도 있다.

- 차분한 음악을 들어라.
- TV를 멀리하고 운동하라.
- 자기비판을 피하라.
- 긍정적인 관계를 만들어라.
- 멘토를 찾아라.

④ 자문자답이 하루를 좌우한다

'우리는 무의식중에 자신에게 어떤 질문을 하고 있을까?' 자문은 대체로 무의식적으로 하기 때문에 대부분의 사람들은 자신이 스스로에게 어떤 질문을 하는지 의식하지 못한다. 그러나 의도적으로 이 질문에 초점을 맞추면 의식할 수 있다. 아침에 일어나서 '오늘은 팀에 어떤 도움을 줄 수 있을까?' '오늘은 어떤 즐거움이 있을까?'라는 질문을 스스로에게 던져보자. 그러면 틀림없이 다양한 그림들이 머릿속에 떠오르면서 아침부터 기분 좋은 느낌이 들 것이며, 이런 기분으로 인해 행동 또한 활기차게 될 것이다.(최한규, 2015)

Action 1

◈ 감정일기

1. 오늘 하루 동안 느꼈던 기분 및 감정에 대하여 작성해 봅시다.

_____

_____

_____

_____

_____

2. 오늘 느꼈던 기분 및 감정으로 어떤 영향을 받았나요?

_____

_____

_____

_____

_____

_____

5. 감정 관리

직장인 601명을 대상으로 '직장생활 중 감정조절이 되지 않아 곤란했던 적이 있었느냐?'는 질문으로 조사한 결과, 응답자 대다수(85.9%)가 '그렇다'고 답했다. 직장 내 여러 상황에서 감정조절에 실패하는 경우를 종종 접하게 된다. 직장생활뿐 아니라 사회인으로 살아가기 위해서는 스트레스를 관리하며 자신의 감정을 조절할 줄 알아야 하는 것은 당연하다.

감정을 조절하기 위해 자신의 감정을 알아차리며 그 감정을 알 수 있어야 한다. '나는 현재 어떤 감정인가?'의 질문에 답할 수 있다면 자신의 감정을 좀 더 쉽게 조절할 수 있다. 감정을 인식한 후에는 풀리지 않는 감정에 대한 분산과 표현이 필요하다. 감정의 표현은 각자의 방법대로 긍정적인 방향으로 풀 수 있다. 만약 감정이 표현되지 않고 풀리지 않는다면 감정은 쌓이게 된다. 마지막으로 성찰을 통하여 나의 감정목표를 정할 수 있다.

Action 2

감정 관리하기

	상황1	상황2
1. 감정인식		
2. 감정 표현하기		
3. 감정 수용하기		
4. 성찰하기		
5. 감정목표 정하기		

6. 긍정감정 키우기

긍정적인 감정은 행복감과 창의성, 소통관계, 이타심, 업무의 성과 등에 영향을 미치게 된다. 자신의 행복한 삶과 성공적인 사회생활을 위해서는 긍정적인 감정을 키워나가는 의지가 필요하다. 사회생활을 하면서 긍정적인 감정을 계속적으로 유지하기는 쉽지 않으나 긍정적인 감정을 키우기 위해 다음의 방법을 실시해 보도록 하자.

① 긍정적인 생각을 습관화하라

의도적으로 긍정적인 생각을 습관적으로 할 필요가 있다. 긍정적인 생각의 습관은 기쁘고 즐거웠던 일, 그리고 나의 하루에서 감사한 일을 찾아보는 것 등을 통하여 향상시킬 수 있다.

한 달 내에 기쁘고 즐거웠던 일을 찾아보자.

② 대인관계에서 친절을 베풀라

좋은 사람과의 관계는 긍정적인 정서를 상승시킨다. 특히, 우리나라 사람들은 사람들과의 관계를 통해 행복감을 느끼는 경우가 많다. 사람들과의 만남 속에서 친절을 베풀어보자.

오늘 내가 친절을 베풀 대상과 액션은 무엇인가?

③ 열정을 통해 충실한 삶을 만들기

자신의 충실한 삶 속에서 행복을 만들어보자. 자신의 열정 속에서 몰입을 경험하게 된다면 자신의 삶 속에서 더 큰 행복을 체험하며 지낼 수 있을 것이다.

나의 삶 속에서 열정을 쏟을 수 있는 것은 무엇인가?

✅ 하버드 대학교 심리학자 수잔 데이비드의 감정분류표

angry 분노	sad 슬픔	Anxious 불안	Hurt 상처	Embarrassed 당황	Happy 기쁨
grumpy 툴툴대는	disappointed 실망한	afraid 두려운	jealous 질투하는	isolated 격리된	thankful 감사하는
frustrated 좌절한	moumful 비통한	stressed 스트레스받는	betrayed 배신당한	self-conscious 시선 의식하는	trusting 믿는
annoyed 짜증내는	regretful 후회되는	vulnerable 취약한	isolated 격리된	lonely 외로운	comfortable 편안한
defensive 방어적인	depressed 우울한	confused 헷갈리는	shocked 충격받은	inferior 열등한	content 만족한
spiteful 악의적인	paralyzed 마비된	bewildered 당혹스러운	deprived 궁핍한	guilty 죄책감의	excited 흥분한
impatient 안달하는	pessimistic 염세적인	skeptical 회의적인	victimized 희생된	ashamed 부끄러운	relaxed 느긋한
disgusted 구역질나는	tearful 눈물이 나는	worried 걱정스러운	aggrieved 억울한	repugnant 혐오스러운	relieved 안도하는
offended 노여워하는	dismayed 낭패한	cautious 조심스러운	tormented 괴로워하는	pathetic 한심한	elated 신이 난
Irritated 짜증(화)이 난	disillusioned 환멸을 느끼는	nervous 신경쓰이는	abandoned 버려진	confused 헷갈리는	confident 자신하는

※ 하버드 대학교 심리학자 수잔 데이비드는 감정분류표를 통해 분노, 슬픔, 걱정, 상처, 당황, 행복 등 6가지 감정을 각각 9개로 세분화하여 감정을 표현하였다.

⊗ 다음은 하버드 대학의 대이얼 골머니가 제작한 EQ test이다.

1. 당신이 비행기 안에 앉아 있는데 갑자기 비행기가 심하게 흔들린다. 당신은 어떤 행동을 할 것인가?

   a. 대수롭지 않게 생각하면서 계속해서 읽고 있던 잡지난 영화를 본다.
   b. 계속해서 스튜어디스의 태도에 신경을 쓰면서 위급상황에 대처하는 카드를 읽어보고 앞으로 일어날 일에 대비한다.
   c. a와 b의 중간
   d. 모르겠다.

2. 당신은 네 살 된 아이들을 데리고 공원으로 산책을 갔다. 갑자기 한 아이가 울기 시작했는데, 그 이유는 다른 아이들이 그 아이와 함께 놀려고 하지 않기 때문이다. 이럴 때 당신은 어떻게 하겠는가?

   a. 간섭하지 않고 아이들끼리 해결하라고 둔다.
   b. 어떻게 하면 다른 아이들이 그 아이와 함께 놀아줄까 하고 우는 아이와 함께 생각해 본다.
   c. 그 아이에게 친절한 목소리로 울지 말라고 한다.
   d. 장난감을 보여주면서 우는 아이의 주의를 다른 곳으로 돌린다.

3. 당신은 대학 중간고사에서 A학점을 기대했던 과목에서 C학점을 받았다. 어떻게 할 것인가?

   a. 다음 시험에서 좋은 성적을 받기 위해 계획을 짜고 그 계획을 꼭 실천하도록 결정한다.
   b. 앞으로 더 잘하겠다고 결심한다.
   c. 자기 스스로 그 과목의 성적은 그리 중요한 게 아니라고 말한다. 그리고 성적이 잘 나온 과목을 더 집중적으로 공부한다.
   d. 담당교수를 찾아가 좀 더 좋은 성적을 받았으면 하고 부탁한다.

4. 당신이 전화로 어떤 물건을 판매하고 있다고 상상하라. 그런데 전화한 15명 모두 당신의 전화를 거절하였다. 어떻게 하겠는가?

   a. 내일 일은 잘될 것으로 기대하면서 오늘은 그만한다.
   b. 성공하지 못한 것을 자신을 판매능력과 관련지어 생각해 본다.
   c. 이후로는 다른 방식으로 전화해 보면서 계속 노력한다.
   d. 다른 일을 할까 하고 생각한다.

5. 당신은 어떤 회사의 경영자로서 지역 간의 갈등을 없애려고 노력하고 있다. 그런데 어떤 직원이 한 직원에게 그의 출신지와 관련해서 아주 기분 나쁜 농담을 했다는 말을 들었다. 어떻게 하겠는가?

    a. '단지 농담인데 뭐.' 하고 무시한다.

    b. 농담한 사람을 불러 그 일에 대해 야단친다.

    c. 그 직원을 부르지는 않고, 그런 농담은 좋지 않으며 회사 내에서는 앞으로 이와 같은 일은 용납될 수 없다고 공식적으로 말한다.

    d. 직원에게 이 사건에 대해 이야기하면서 지역 차별을 극복할 수 있는 프로그램에 참여해 보는 것이 어떠냐고 물어본다.

6. 당신의 친구가 자동차를 운전하는 상황이다. 위험하게 바로 앞으로 끼어드는 자동차 운전자 때문에 친구는 몹시 화가 났다. 이때 당신은 어떻게 하겠는가?

    a. 친구에게 '아무 일도 일어나지 않았잖아, 잊어버려' 하고 말한다.

    b. 그의 마음을 다른 데로 돌리기 위해 그가 좋아하는 음악 테이프를 틀어준다.

    c. 같이 욕한다.

    d. 당신도 비슷한 경험이 있었는데, 알고 보니 그 차는 응급환자를 태우고 병원으로 가는 차였다고 이야기해 준다.

7. 당신은 파트너와 언성을 높이며 말다툼을 하고 있다. 둘 다 몹시 흥분하고 화가 나 본의 아니게 서로 인신공격을 하고 있다. 어떻게 하는 것이 최선의 방법일까?

    a. 20분간 쉬고 나서 그 문제에 대해서 이야기해 보자고 한다.

    b. 싸움을 그만두고 당신의 파트너가 무엇을 얘기하던 입을 다문다.

    c. 미안하다고 말하고 용서를 구한다.

    d. 싸움을 잠깐 멈추고 당신의 생각을 정리해서 가능한 한 상세히 당신의 입장을 밝힌다.

8. 직장에서 골치 아픈 문제를 창조적으로 해결하려고 만든 팀에 당신이 팀장으로 임명되었다. 가장 먼저 어떤 일을 하겠는가?

    a. 안건을 내어 각 안건에 대해 토론할 시간을 준다.

    b. 직원들이 서로를 더 잘 알 수 있도록 하기 위해 시간을 마련한다.

    c. 각 직원에게 그 문제를 해결하기 위한 참신한 아이디어를 내라고 한다.

    d. 모두가 차례대로 아이디어를 내어 그중에 최선책을 택한다.

9. 당신의 세 살 난 아들은 태어날 때문터 굉장히 수줍음을 많이 타서 낯선 장소나 낯선 사람을 몹시 두려워한다. 어떻게 하겠는가?

    a. 아이가 수줍어하는 성격이라는 사실을 받아들이고, 되도록 아이가 불안해 하는 상황에 직면하지 않도록 한다.

    b. 도움을 받기 위해서 아동심리학자에게 데리고 간다.

    c. 아이를 의도적으로 낯선 사람들과 낯선 장소에 자주 데리고 다니면서 아이의 두려움을 극복해 주려고 노력한다.

    d. 아이가 낯선 장소나 낯선 사람과 어울리게 하기 위해, 힘들더라도 아이가 극복할 만한 경험을 많이 시킨다.

10. 당신은 어렸을 때 어떤 악기를 연주하는 것을 배웠으나 몇 해 동안 그 악기를 다룰 기회가 없었다. 지금 단지 즐기기 위해서 그 악기를 연주해 보려고 한다. 어떻게 하면 가장 효과적으로 시간을 활용할 수 있을까?

    a. 매우 엄격한 연습시간에 따라 연습한다.

    b. 현재의 당신 능력으로는 약간 어렵지만, 습득할 수 있는 곡을 선택해서 연습한다.

    c. 그 악기를 다루고 싶은 마음이 생길 때마다 연습한다.

    d. 현재 당신의 능력으로는 불가능하지만 상당히 노력하면 간신히 연주할 수 있는 어려운 곡을 선택하여 연습한다.

⊗ 다음은 EQ test의 해답이다. 나의 점수는 몇 점인가?

점수 _____점

구분	a	b	c	d
1	20	20	20	0
2	0	20	0	0
3	20	0	0	0
4	0	0	20	0
5	0	0	20	0
6	0	5	5	20
7	20	0	0	0
8	0	20	0	0
9	0	5	0	20
10	0	20	0	0

⊗ 나의 EQ는 몇 점일까요?

점수	내용	점수	내용
200	EQ 천재	75	심리치료를 받을 필요가 있음
175	감정이입 훌륭	50	정서적으로 문제가 있음
150	간디 수준	25	네안데르탈인
125	프로이트 수준	0	EQ 바보
100	평균		

출처 : 박보영(2011), SO통!!, 에듀큐

▌한 주의 **감사**

겸손

진정으로 용기 있는 사람만이
겸손할 수 있다.
겸손은 자기를 낮추는 것이 아니라
도리어 자기를 세우는 것이다.

- 브하그완 -

Chapter 7

겸손

1. 겸손의 개념

 겸손의 사전적 정의는 '남을 존중하고 자기를 내세우지 않는 태도'이다. 이는 예로부터 우리의 자랑스러운 미덕으로, 겸손은 타인과의 관계 속에서 나타나는 행동이며 타인에게 인식되는 특성이다. 자신이 겸손하다고 얘기해도 타인이 그렇게 느끼지 않는다면 겸손한 모습은 아니다. 그럼 어떤 모습과 행동에서 겸손하다고 표현할 수 있을까?

 첫 번째, 겸손한 사람은 자신을 먼저 정확하게 파악하고 있는 사람이며 그런 의지를 가지고 있는 사람이다. 그리고 언제나 배우려는 자세를 가지려는 사람이다. 자신을 파악하는 것에는 자신의 지식과 역량이 될 수 있으며 자신에 대한 성품과 행동 등이 될 수 있다. 예를 들어 누군가가 자신의 단점을 언급할 때, 누군가는 자신의 모습을 성찰하며 개선하고자 한다. 반대로 누군가는 자신의 단점을 인정하려 들지 않으며 기분 나쁘게만 생각한다. 그리고 타인이 보는 시각과 달리 자신의 좋은 점만을 과장하여 생각하며 자신에 대한 잘못된 판단을 한다. 자신을 객환화시키지 못하는 것이다. 이는 자신을 제대로 파악하지 못할 뿐 아니라 다른 사람들이 생각하는 것보다 뛰어나다고 생각하는 교만한 모습이다.

두 번째, 겸손함을 지닌 사람은 다른 사람을 인정한다. 상대방의 강점과 장점에 대하여 인정하며 작은 선의에도 감사하는 마음을 갖는 것이다. 반대로 겸손하지 않은 사람들은 다른 사람을 깎아내리기에 급급하고 질투하기도 하며 무시하기도 한다. 상대방의 선의를 당연하다고 생각하며 감사할 줄 모른다. 다른 사람들을 인정하고 싶지 않아 하는 모습 속에는 자신만 드러내기를 좋아하며 자랑하고 인정받고자 하는 마음이 깔려 있다. 자신이 최고이며 모든 상황과 환경이 자신의 위주로 돌아가야 한다고 생각한다.

하지만 겸손이 자신을 낮추어 자기자신을 비하하라는 것은 아니다. 또는 칭찬받아 마땅한 일임에도 너무 겸손한 척한다면 비호감으로 보여질 가능성이 크다. 이는 잘못된 겸손이며 겸손을 가장한 교만이다. 겸손은 지난친 자기 비하가 아니며 과장된 모습도 아니다. 솔직하고 당당한 자신의 모습 속에서 상대방을 존중하는 것이 겸손이다.

2. 겸손을 향상시키는 방법

① 자신을 알아라. 그리고 수용하라

자신을 아는 것은 자신에 대한 성찰에서 시작된다. 자신의 하루를 성찰할 수 있으며 자신의 말과 행동에 대하여 다시 한번 짚어볼 수 있다. 성찰 속에서 자신의 단점과 약점을 인정하고 수용하는 자세도 필요하다. 자신의 단점과 약점을 알지만 수용하지 않는 사람들도 있다. '나에게 ○○한 점이 있어'라고 자신의 약점을 인정하고 수용한다면 훨씬 더 겸손한 자세로 타인과의 관계를 이룰 수 있다.

● 나 자신에 대하여 인정하고 수용해야 하는 것은 무엇인가?

② 다른 사람을 인정하고 존중하라

우리 모두는 누군가에게 인정받고자 하는 심리가 있다. 그래서 나를 알리기도 하며 자랑하기도 한다. 하지만 나만을 생각한다면 이는 독선이며 독단이다. 이는 다른 사람을 존중하는 마음이 없는 것에서 비롯될 수 있다. 특히 나보다 아랫사람이라고 편하다고 생각하는 상대에 대한 인정과 존중을 잊지 말아야 할 것이다.

● 내가 특히 인정하고 존중해야 할 사람은 누구인가?

③ 나의 자존심을 버려라. 자존심과 자존감은 다르다

자존감은 자신에 대한 만족으로 자신을 소중하게 생각하는 것이며, 또한 다른 사람들도 소중하게 생각한다. 하지만 자존심은 자신만을 너무 사랑하는 데 문제가 있다. 그래서 다른 이들의 비판을 참을 수 없어 하며, 도리어 다른 사람을 비난한다. 자신의 뜻대로 되지 않으면 짜증을 내기도 한다. 이는 나만을 너무 생각하는 자존심에서 비롯될 수 있다.

● 나의 자존감과 자존심은 어떠한가? 누군가의 비판에 어떻게 대처하는가?

④ 자랑하지 않으며 진정성 있게 말하기

겸손한 사람은 있는 그대로를 인정하며 솔직하게 말한다. 그들의 말은 진정성이 있으며 과장하지 않는다. 그래서 겸손한 사람의 말은 신뢰가 간다. 하지만 겸손하지 않은 사람들은 행동보다 말이 먼저 나가고 과장하며 자랑하는 경향을 보인다. 말하기 전에 한 번 더 생각하고 말할 필요가 있다.

● 나는 솔직하고 진정성 있게 대화하는가? 내가 과장하는 부분이 있다면 무엇인가?

3. 나르시시즘

겸손의 반대로 나르시시즘을 언급하곤 한다. 그리스신화에 등장하는 나르키소스, 그는 자기자신을 너무 사랑하여 연못에 비친 자신의 모습을 보다가 죽어간 소년이다.

독일의 정신과의사 네케는 1899년 자기애가 넘친 나르키소스를 연상해 '나르시시즘'이라는 말을 만들었다.

나르시시즘은 자기자신을 지나칠 정도로 사랑하는 것으로 항상 자신만 칭찬하거나 인정해 주기만 바라며 그러한 사람들을 찾아나서는 경향이 있다. 또한 다른 사람들에게 인정받기 위해 끊임없이 자신의 성취를 자랑하거나 과장하여 말하기도 한다. 항상 자신들은 주목받아야 한다고 생각한다. 대화에서도 항상 자신에 대해 얘기하고 싶어하며 자신의 경험담을 얘기하며 이끌어나가는 경향이 있다. 정작 타인에 대한 공감능력은 부족하다.

이러한 자기애적 행동은 '난 대단해' 하며 다른 사람보다 자신의 우월한 모습을 증명하려고 한다. 겸손한 사람들은 자신과 타인에게 관대하다. 그래서 자신을 애써 '방어'하거나 포장하지 않는다. 반대로 나르시스트는 자신의 우위에 대한 위협, 비판 등이 생기면 화를 내거나 공격적인 모습으로 방어적인 태도를 취하게 된다. 자신보다 못하다고 생각하는 사람에게는 무례하게 말하거나 대우하거나 행동하는 경향도 있다.

나르시스트는 과도한 긍정적인 자기지각을 가지고 있으나 이는 왜곡된 자기인식이다. 그래서 실제 자신의 모습과의 괴리에서 오는 박탈감으로 쉽게 자존감이 무너지는 경향이 있다. 다른 사람들의 반응과 평가에 취약한 모습을 보이기도 하며 안정적이지 못한 자존감을 보여준다.

자신을 지나치게 과장하고 포장하는 것보다는 있는 그대로의 자신을 받아들이고 수용하는 것, 자신뿐 아니라 상대방에 대한 실수나 과오도 너그러움으로 안을 수 있음을 생각해 볼 필요가 있다.

● 겸손과 나르시시즘의 차이는 무엇일까요?

겸손이라는 가면을 벗어 던지세요

리사 손, 『임포스터』 저자 컬럼비아 대학교 바너드칼리지 심리학과 교수

"리사, 너는 왜 이렇게 겸손하지가 않아. 이제부터 더 겸손하게 살아봐."

그날 이후로는 저는 뭔가를 열심히 해서 좋은 결과가 나왔어요. 진짜 제 감정을 남들에게 잘 안 보여 줬던 거 같아요. 나중에 저는 어른이 되었고. 이제는 교수가 되었어요. 어렸을 때 비슷하게 발표해야 할 때가 많잖아요. 한국말로 발표해야 할 일도 있죠. 여전히 긴장되어서 정말 많은 준비, 정말 많은 연습을 합니다. 또 저는 옛날부터 똑같이 잘했다고, 한국말 잘한다고 칭찬까지 받고 싶죠. 그런데 사람들이 칭찬해 주면 저는 어떻게 답을 할까요? 고마워요. 열심히 해서 저도 제가 잘할 줄 알았어요. 이렇게 할까요? 절대 아니죠. 더 겸손하게 대답하겠죠. "아니야, 나 너무 못 해. 한국말 진짜 못 해요. 그냥 오늘은 처음으로 운이 좋았나 봐요. 이렇게 자신을 낮추면서 대답하겠죠." 더 겸손한 척, 가면을 쓰는 거예요. 오늘은 바로 이 가면에 대한 이야기입니다. 심리학에서는 이렇게 가면 쓴 사람을 '임포스터'라고 부릅니다.

임포스터가 얼마나 있을까요? 미국 연구를 보면 70%가 임포스터라고 나와요.

출처 : 세바시 강연 "겸손이라는 가면을 벗어 던지세요" 중에서
(https://www.youtube.com/watch?v=fjre3LBFV8M&t=990s)

● 보고 느낀 점을 작성해 보세요.

Action 1

◈ 나는 겸손한가?

_____

_____

_____

◈ 내 주변에 겸손한 친구가 있다면 그 특징은 무엇인가?

_____

_____

_____

◈ 나에게도 겸손의 가면이 있는가? 있다면 무엇인가?

_____

_____

_____

◈ 내가 겸손해지기 위해 실천해야 할 것은 무엇인가?

_____

_____

_____

존중

이기주의란
내가 원하는 대로 사는 것이 아니라
상대에게 내가 원하는 방식으로
살라고 요구하는 것이다.

- 오스카 와일드 -

존중

대전시교육청은 청렴문화를 확산하고 직장 내 갑질 근절 및 소통과 공감의 조직문화 조성을 위해 매월 11일을 상호 존중의 날로 지정해 운영하고 있다고 밝혔다. 매월 11일은 '1=1'을 나타내 우리 모두는 갑과 을이 아닌 대등한 인격체로 소중하며 서로를 배려하고 존중하자는 의미를 담은 날이다. 시교육청 교육정책과에서는 소속직원을 대상으로 △꼰대테스트 △언어의 품격 △나만의 상호존중 어록만들기라는 3가지 실천 캠페인을 실시했다. 꼰대테스트를 통해 8가지 꼰대 유형과 지수(레벨1~5)로 표시되는 꼰대 성향을 자가 점검하고 직장 내 품격 있는 언어 사용을 위해 듣고 싶은 말과 듣기 싫은 말을 알아보았으며 나만의 상호존중 어록을 만들고 공유하며 직원들의 상호존중에 대한 생각을 알아보는 소중한 시간을 보냈다. 윤기원 교육정책과장은 "존중은 자신과 타인에게 줄 수 있는 가성비 좋은 선물이다"며 "앞으로도 365일 상호 존중하는 마음으로 청렴하고 행복한 직장 분위기 조성에 지속적으로 노력하겠다"고 말했다.

출처 : 데일리한국(http://daily.hankooki.com)

1. 존중의 개념

   존중은 상대를 함부로 대하지 않고, 정중하게 대하는 것을 의미한다. 그 대상은 사람을 전제로 상대방의 의견과 생각, 행동방식 등을 존중하는 것이다. 우리는 흔히 인권존중을 말한다. 인권이란 사람이기 때문에 당연히 누리는 권리, 즉 사람이면 누구나 태어나면서 갖는 권리를 말한다. 하지만 존중이란 인권을 넘어선 도덕적인 부분까지 포함된 것으로, 상대방을 배려하는 부분에서 시작될 수 있다. 예를 들어 약자에 대한 존중이 행동과 말로써 존대어를 사용하고 피해를 주지 않는 행동만을 의미하는 것은 아니다. 마음으로 정서적 공감이 이루어져야 한다는 것이다. 그랬을 때 진정한 존중이 이루어질 수 있다.

2. 존중의 중요성

   존중은 더불어 살아가는 사회에서 도덕적 가치의 기본 덕목으로 가정, 사회, 직장, 학교 등 다양한 환경에서 말과 행동으로 나타나게 된다. 존중의 마음을 가지고 있다 해도 상대방에게 존중이 표현되지 않는다면 이는 존중의 모습이 아니다. 또한 그 방법이 잘못되었다면 오해받기 쉽다. 그로 인하여 존중받지 못한 사람은 상처를 받게 되며, 존중하지 않는 사람은 도덕적으로 비난을 받을 수 있다. 존중은 상호 존중이어야 한다. 최근 기업에서는 '상호 존중 캠페인' 등을 통해 상호 존중문화 확산을 위해 노력하고 있다. 서로가 노력하는 상호 존중에서 존중의 문화가 자리 잡힐 수 있다. 인간 존중문화의 성숙은 개개인의 가치관 확산과 삶의 질 추구의 기초가 된다.

3. 존중의 3가지 관점

1) 존재에 대한 존중

인간은 소중한 존재로 그 자체만으로 존중받아야 하는 것을 의미한다. 성별, 종교, 피부색, 국적, 빈부차이, 사회적 지위, 신체적·정신적 조건 등에 관계없이 존중받아야 한다.

세계 인권선언문

- 제1조 : 모든 인간은 태어날 때부터 자유롭고, 존엄성과 권리에 있어서 평등하다.
- 제2조 : 모든 인간은 인종, 피부색, 성별, 언어, 종교, 민족 또는 사회적 출신, 재산, 출생 또는 지위 등이 다를지라도 이 선언에 제시된 모든 권리와 자유를 누릴 수 있다.

우리나라 헌법 제10조, 11조 1항

- 헌법 제10조

모든 국민은 인간으로서의 존엄과 가치를 가지며, 행복을 추구할 권리를 가진다. 국가는 개인이 가지는 불가침의 인권을 확인하고 이를 보장할 의무를 진다.

- 헌법 제11조 1항

모든 국민은 법 앞에 평등하다. 누구든지 성별, 종교 또는 사회적 신분에 의하여 정치적, 경제적, 사회적, 문화적 생활의 모든 영역에 있어서 차별을 받지 아니한다.

---

2) 다름에 대한 존중

● 남자와 여자의 다름

사회 갈등 중 하나의 이슈로 젠더 갈등이 있다. 과거에 비하여 그 비율은 지속적으로 늘어나고 있으며, 특히나 2030세대에서 쉽사리 찾아볼 수 있다. 하지만 지금의 시대는 과거와 다르게 빠르게 변화하고 있다. 이제는 성별에 따른 직업의 경계가 없듯이 성별에 대한 고정관념도 바뀌어야 한다.

젠더의 갈등은 성별에 대한 고정관념으로 시작된다. 분명 남자와 여자의 다름은 존재한다지만 그 다름을 인정하며 각 개인의 다양성을 존중할 필요가 있다.

● 문화와 라이프스타일의 다름

지금은 다양성의 시대이다. 각자의 생활환경이 다르고 가치관과 신념도 다르다. 세계가 자유롭게 움직이는 지구촌에서 서로 다른 문화와 라이프스타일을 가진 사람들을 어렵지 않게 만나볼 수 있다. 또한 다양성이 존중되는 사회인 만큼 기업에서는 다양성을 강조하고 있다. 이에 각각의 전문가와 각기 다른 다양한 사람들이 함께 일하며 융합된 창조물을 만들어내고 있다. 이러한 시대에 서로의 다름을 인정하며 존중하는 것은 당연하다.

● 생각과 표현방식의 다름

사회는 나홀로 살아갈 수 없다. 직장과 가정 그리고 각각의 사회에서 누군가와 함께 살아갈 수밖에 없는 존재이다. 그런데 공동체에서 자신만의 생각만이 옳다고 주장한다면 이는 자신뿐 아니라 다른 사람에게도 힘든 관계가 이어지게 될 것이다. 나와 다른 행동과 말, 표현방식에 대한 다름을 인정해야 한다. 다름은 틀린 것이 아니라 단지 다를 뿐이다. 다름을 인정했을 때 함께하는 즐거움을 넘어 서로의 성장으로 나아갈 수 있다.

3) 타인의 감정에 대한 공감

존중은 표현되는 행동과 말을 통해 보여진다. 하지만 상대방에게 무조건 존중하는 액션을 취한다고 해서 이를 존중이라 할 수는 없다. 존중은 법과 규칙으로 완성될 수 없는 도덕적 가치이다. 나의 정서적 부분도 함께 이루어졌을 때 진정한 존중이라 표현할 수 있다. 진심으로 상대방을 배려하고 존중하고자 하는 마음이 앞서 있는가를 먼저 확인할 필요가 있다. 그리고 공감하고자 노력해야 한다.

내가 속해 있는 공동체에서 할 수 있는 존중에는 무엇이 있을까?

학교에서의 존중

사회에서의 존중

직장에서의 존중

가정에서의 존중

인권이 침해된 사례

- 친구의 개인정보를 허락없이 확인하고 있음
- 친구의 수첩과 핸드폰을 허락없이 보는 행위
- 나쁜 댓글의 사이버 폭력을 하는 행위
- 다문화 가정의 어린 아이가 친구들에게 외모로 차별받는 모습
- 장애인들이 활동하는 데 불편을 겪게 됨
- 성적을 오픈하여 공개

일상에서 할 수 있는 존중 표현 10가지

1. 인사하기
2. 인정과 칭찬
3. 예의 바른 말과 행동
4. 타인의 재능과 능력 존중하기
5. 자신과 타인 비교하지 않고 나를 존중하기
6. 먼저 손 내밀어 타인을 돕기
7. 차이를 이해하고 받아들이기
8. 다른 사람의 세계를 함부로 침범하지 않기
9. 말하는 것보다 더 많이 듣고 관심 갖기
10. 부정적인 생각 떨치고 긍정적인 생각 갖기

영화추천

언플랜드

미국 최대의 낙태 클리닉 가족계획연맹에서 8년간 상담사로 일하며 최연소 소장에 오른 '애비'. 그녀는 낙태 경험자로서 자신과 같은 기로에 선 여성들을 돕는다는 사명감을 갖고 성실히 일한다. 하지만 처음으로 수술실에 들어가게 된 날, 지금까지의 신념을 송두리째 뒤바꿀 장면을 목격하게 되는데…

출처 : 네이버 영화

KRISS 상호존중의 날

서로가 동등하게 상호 존중하고 배려한다 (1=1)는 의미로
매월 11일은 상호 존중의 날입니다

1 **서로 존댓말 쓰기**
나이/직급과 상관없이 서로 존중하는
언어와 호칭 사용하기

2 **웃으며 반갑게 인사하기**
'안녕하세요', '고맙습니다' 등
먼저 따뜻한 인사하기

3 **칭찬과 배려의 문화 만들기**
서로에게 힘을 북돋아 주는 칭찬과
배려의 말 한마디 건네기

4 **상대방의 말 경청하고
의견 존중하기**
소통의 기본은 경청으로부터 시작

5 **모욕적, 성차별적 언행하지 않기**
외모 지적, 불필요한 성적농담 등은
하지 않기

출처 : https://www.kriss.re.kr/board.es?mid=a10503000000&bid=0002&tag=&act=view&list_no=3960

Action 1

⊕ 나는 다름의 각 영역에 대한 존중을 하고 있는가?
　 각 영역에서 존중이 더 필요한 부분은 무엇인가?

● 남자와 여자의 다름

_____
_____
_____

● 문화와 라이프스타일의 다름

_____
_____

● 생각과 표현방식의 다름

_____
_____

⊕ 내가 일상에서 표현해야 할 존중은 무엇인가?

● 대상

_____
_____

● 존중의 표현

_____
_____
_____

인성수업
워크북

한 주의 **감사**

배려

마음을 자극하는 단 하나의 사랑의 명약,
그것은 진심에서 오는 배려다.

- 메난드로스(고대 그리스 희극 작가) -

배려

1. 배려의 개념

　배려란 도와주거나 보살펴주려고 관심을 가지고 마음을 쓰는 것으로, 보살핌을 제공하는 사람이 존재하며 돌봄이나 보살핌을 받는 대상이 존재한다. 배려는 타인과의 관계를 전제로 한다. 하지만 수직적인 관계에서의 배려보다는 수평적인 관계에서의 배려를 진정한 배려라 할 수 있다. 또한 희생과 헌신을 강요하는 배려 또한 올바른 배려라 할 수 없다. 배려는 자신과 상대를 함께 배려하는 과정에서 완전해질 수 있기 때문이다. 이는 단순히 돌보거나 보살피는 행위만을 의미하는 것이 아니라 관심과 반응의 정서적 교감까지를 포함하는 것이다.

　배려는 사회에서 예의범절로 표현되기도 한다. 지하철에서 큰 소리로 핸드폰을 하지 않는 것부터 임산부와 노약자를 위한 자리 양보, 또는 장애인들을 위한 배려시설 등 배려를 위한 사회의 변화들이 일어나고 있다. 서로 배려하는 사회가 되었을 때 더불어 사는 사회, 살기 좋은 사회가 만들어질 것이다.

2. 배려의 특징

① 나만의 방식이 아닌 상대방의 입장이 고려되어야 한다

상대방을 배려하려는 행동이 도리어 상대방을 불편하게 만드는 경우가 있다. 이는 상대방의 입장을 고려하지 않고 나만의 방법과 입장에서 생각했기 때문이다. 이는 진정한 배려가 아닌 내 자신이 편하고 떳떳하고자 하는 배려이며 자칫 잘못하면 타인에게 자기과시와 영웅심리로 비춰질 수도 있다. 상대방 입장에서 상대방의 방법으로 내가 할 수 있는 것은 무엇인지 생각하고 행할 수 있어야 한다.

학교에서 조별 과제로 리포트를 작성하는데, 친구가 아르바이트로 바쁠 것 같아 친구의 분량을 아주 작게 책정하고 자신이 많은 부분을 하겠다고 자진하여 나서는 경우가 있다. 이런 판단은 분명 친구를 위한 배려의 마음에서 시작했겠지만 친구의 입장은 다를 수 있다. 아르바이트로 시간적인 여유는 없지만 본인도 조별 과제에 열심히 참여하며 성취감과 기여를 하고 싶은 마음이 있을 수 있기 때문이다.

☞ 친구의 지나친 배려는 오히려 열심히 하고자 하는 동기부여를 낮춰버리는 결과를 낳게 된다.

오랜만에 만난 친구들과의 모임에서 한 친구가 '너는 집이 머니까 빨리 가는 게 좋겠어, 지금 들어가'라고 친구를 위해 말을 한다. 하지만 상대방은 집은 멀어도 함께하고 싶은 마음이 있었는데 본의 아니게 집에 일찍 들어오게 되면서 상대방으로부터 통제당한 느낌을 받을 수 있다.

☞ 자기만의 방식은 상대방을 불편하게 만들며 상대방의 의지를 꺾어버리는 결과를 낳게 한다.

② 상대방만을 위한 배려가 아닌 자기배려도 함께해야 한다

배려라는 의미에 그 대상을 타인으로 규정하는 경향이 있다. 그래서 자신보다는 타인에 대한 배려를 우선시하며 자신에 대한 배려를 소홀히 다뤄왔다. 또한 교육에서는 타인을 위한 배려만을 강조해 왔다. 하지만 자신의 필요 및 욕구를 무시하고 돌보지 않는다면 타인을 배려하기는 힘들다. 자신을 배려하지 않는 타인배려는 온전한 배려가 될 수 없다.

자기배려는 자기가치를 인정하고 존중하며 자신의 존재를 형성하는 과정이다. 자기에게 관심을 가지며 필요와 욕구를 긍정적으로 받아들이고 자기를 통제할 수 있어야 한다. 자기배려는 자신을 성장시키며 자신에 대한 만족감과 행복감을 느끼게 한다.

오랜만에 만나지 못했던 친구와 함께 시간을 보내기로 약속하고 함께 만났다. 친구와 즐거운 시간을 보내기 위해 밥도 먹고 차도 마셨다. 친구가 갑자기 자신의 직장에서 힘들었던 일에 대해 이야기하기 시작한다. 예상했던 시간보다 시간이 길어지고 있다. 하지만 친구의 이야기를 경청해서 들어줘야 될 것 같아서 학원에 가야 할 시간이 되었는데도 친구에게 학원에 가야 한다는 말을 못하고 있다. 오늘은 중요한 시간이니 결석하지 말라고 했는데 속으로 전전긍긍하며 친구의 이야기를 듣고 있다.

☞ 친구의 힘든 이야기를 잘 들어줘야겠다는 배려의 마음이 있었지만, 자신의 필요 즉, 학원에 가야 하는 것을 놓치고 말았다. 친구의 이야기를 듣고 있지만, 속으로는 불안하고 집중도 되지 않아 친구가 하는 얘기를 잘 듣지도 못했다.

✔ 글 쓰는 작업을 통한 자기배려 실천

글 쓰는 것은 자신을 성찰하며 자신의 감정과 필요를 알 수 있으며 타인과의 관계를 점검할 수 있다.

● 나에 대하여 또는 나의 감정과 필요에 대하여, 타인과의 관계 등에 대하여 자유롭게 작성해 보자.

③ 행위로써만의 배려가 아닌 정서적인 교감이 이루어져야 한다

행위로써만 보살피거나 베푸는 것은 진정한 배려가 아니다. 서로의 관심과 반응 사이에서 정서적 교감이 이루어졌을 때 진정한 배려가 될 수 있다. 또한, 배려의 마음이 있다 하더라도 상대방이 원하는 의도가 무엇인지를 헤아리지 못한다면 이는 배려가 될 수 없다. 상대방이 말하는 메시지만을 파악하는 것이 아닌 그 이면의 정서적 부분을 헤아리는 것이 필요하다. 이러한 정서적 교감은 의사소통에서 자주 일어나게 된다.

소통에서 배려는 상호존중을 전제로 한다. 상대방의 말을 존중하며 공감적으로 수용하는 것이다. 그리고 진실된 표현이 중요하다. 하지만 소통의 방법에서 말로만 표현했을 때는 그 한계가 있으며, 진정성을 의심받게 된다. 언어적 요소와 함께 비언어적 요소인 침묵, 표정이나 몸짓 등을 통하여 배려를 표현할 수 있다.

3. 배려의 정서적 소통

다음은 MBN 방송 '돌싱글즈 3'에 출연 중인 전다빈과 한혜진의 대화이다.

첫날 호감이 있었던 상대에게 무관심을 받고 두 번째 호감 상대에게도 무관심을 받던 중 대화이다. 다음 대화는 배려의 정서적 소통을 잘 보여주고 있다.

> (아침에 잠에서 깨어 혼자 울고 있는데 한혜진이 등장한다.)
>
> **전다빈** : 스트레스 받아. 나 힘든 것 같아…
> **한혜진** : 음… (공감의 보디랭귀지)
> **전다빈** : 안아주라…
>
> (말없이 안아주는 혜진 품에 안겨 한참을 서러운 울음을 토해낸다.)

전다빈 : 옥죄어 오는 느낌이다. 올가미 같아.

아무것도 안 하고 싶어, 안 사랑하고 싶어… 갈구하는 게 싫어.

사랑해 주세요. 하는 건 싫어. 그거 하기 싫어서 여기 온 건데.

그걸 해야지 이기는 싸움이라는 걸 방금 깨달았어…

(힘들어 하며 울고 있는 다빈에게 함께 울어주며 품에 안아 토닥이는 혜진)

한혜진 : 각자가 이혼했기 때문에 물론 다 상처가 있을 거 아냐.

근데 그거 극복해야 해. 그거 아니면 계속 사랑 못 한다.

상처가 두려워서 못하는 거거든.

출처 : 돌싱글즈 3 대화 중에서

다음의 대화에서 정서적 소통은 어떠한지 살펴보자.

정서적 소통을 위해 개선되어야 할 부분은 어떤 부분인가?

이를 정서적 소통의 대화로 바꿔보자.

(상민이는 기분이 몹시 안 좋다. 자기가 평소 알고 지내던 직장 동료에게 이만저만 실망한 것이 아니었기 때문이다.)

상　민 : 그게 뭐 그렇게 대단한 거라고 자기 혼자만 알고 나한테는 말도안 해 주는 거야.
후배1 : 글쎄요, 왜 그랬을까요?
상　민 : 그러게 말이야. 정말 나한테 이럴 수 있어?
후배1 : 그 사람도 어떤 사정이 있었겠죠.
상　민 : 사정? 야, 사정은 무슨 사정이 있겠어? 자기 혼자 잘해보려고 그런 거겠지.
　　　　나이도 어린 것이 말이야.
후배1 : 그래도 뭐 무슨 이유가 있으니까.…
상　민 : 야, 그게 아니지. 그런데 너 자꾸 이럴 거야? 도대체 왜 그 사람편만 드는 거야?
후배2 : (옆에서 대화를 듣고 있던 다른 후배가 상민에게)
　　　　글쎄 말이에요. 그 사람이 좀 심했네요. 저 같아도 화가 많이 났을 것 같아요.

출처 : 박창균(2016), "배려의 소통적 자질 탐구", '새국어교육 제108호' 재인용

"촌놈이 무슨 일로 날 부르냐?"
비웃음까지 담고 있는 장수를 보자 모욕당한 기분이 들었습니다.
장수 앞에서 발걸음을 돌리는데, 문득 내가 아이들과 어울려 웃고 떠들 때 먼발치에서 나를 바라보던 광식이의 눈길이 떠올랐습니다. 한 명이라도 함께 놀 친구가 있으면 자기를 무시해 버렸던 날 광식이는 어떻게 생각했을까요?

며칠 뒤 나는 장수를 또 피시방에서 만났습니다. 이번엔 내가 먼저 가서 하고 있는데 장수가 왔습니다. "어? 촌놈 또 왔네. 언제 왔냐?" 날 모른 척할 때는 언제고, 아무렇지도 않은 얼굴로 내게 말을 거는 장수에게 화가 치밀어 올랐습니다. 나는 함부로 별명을 부르며 무시해도 괜찮은 아이가 아닙니다. 아는 척만 해주어도 감지덕지 고마워하는 광식이 같은 아이가 아닙니다. 도시 아이들에게 주눅이 들어 있었던 건 사실이지만 더 이상 참을 수는 없었습니다.

"네가 무슨 상관이냐? 그리고 내가 촌놈이면 넌 떡장수다."
나는 장수를 째려보면서 말했어요. 이름 탓이기도 했지만 하고 많은 장수 중에 왜 떡장수가 떠올랐는지 모르겠어요. 아마도 내가 떡이라면 자다가도 일어날 만큼 좋아하기 때문인 모양입니다. "뭐라고?" 장수의 얼굴이 시뻘개졌어요. 그 모습을 보자 복수를 해준 것 같아 통쾌했습니다.

출처 : 『촌놈과 떡장수 '이금이'』(2006)에서 재인용

 *Action 1*

◈ 위의 동화에서 상대방을 배려하지 않은 말과 행동을 찾아보시오.
　　그리고 그때의 감정은 어떤 감정이었을까요?

_____

_____

_____

_____

◈ 배려하는 말로 바꾼다면 어떻게 바꿀 수 있을까요?
　　그렇게 바꾼다면 전개과정을 추측해 보세요.

_____

_____

_____

_____

_____

_____

Action 2

내가 배려받지 못했던 상대방의 말과 행동 또는 내가 상대방을 배려하지 못했던 말과 행동에는
어떤 것들이 있었나요?

내가 배려받지 못했던 상대방의 말과 행동	내가 상대방을 배려하지 못했던 말과 행동

 영국여왕 일화

어느 날 영국의 메리 여왕이 다른 나라 관료들을 초청하여 궁전에서 만찬을 베풀었을 때 일어났던 일
화입니다.

만찬이 한창 진행되고 있었습니다. 그때 시녀들이 테이블 위에 과일과 핑거볼(finger bowl)을 올려놓
았습니다. 핑거볼은 손가락을 씻기 위한 물입니다.

그런데 이때 어떤 외국 사신이 핑거볼을 먹는 물로 착각하여 마셔버렸습니다.

영국은 식탁 매너가 엄격하기로 소문난 나라로 이를 지켜본 사람들은 매우 놀랐습니다.

주변에 있던 사람들은 이를 보고 수군거리며 분위기가 갑자기 어색해지고 말았습니다.

물을 마신 외국 사신도 주변의 분위기에 어찌할 바를 모르고 당황해 했습니다.

이때 메리 여왕은 이러한 분위기를 눈치채고 자신도 태연하게 그 핑거볼을 마시기 시작했습니다.

소란스럽던 연회장은 갑자기 조용해지고 다시 만찬의 분위기로 되돌아왔습니다.

이후 여왕의 행동 덕분에 많은 영국인들은 여왕을 더욱 존경하게 되었다고 합니다.

Action 3

자기인식의 여러 활동 등을 토대로 자유롭게 작성해 보세요.

1. 나는 자기배려를 하고 있나요? 잘 안 되는 부분이 있다면 무엇인가요?

_____

_____

_____

_____

2. 정서적으로 배려받았던 경험이 있다면 무엇인가요?

_____

_____

_____

_____

3. 상대방 입장이 고려된 배려의 행동에는 무엇이 있을까요?

_____

_____

_____

_____

책임감

누군가를 신뢰하면
그들도 너를 진심으로 대할 것이다.

- 랄프 왈도 에머슨 -

Chapter 10

책임감

1. 책임감의 개념 및 중요성

책임감의 사전적 정의는 '맡아서 해야 할 임무나 의무를 중히 여기는 마음'으로 정의하고 있다. 즉 자신에게 주어진 일을 스스로 함으로써 그 행동에 대한 결과에 책임지는 자세를 의미한다. 이는 성공적인 사회생활을 하는 데 필요한 자질이자 인성의 기본 덕목이라 할 수 있다. 책임감 있는 사람들은 자신의 일에 최선을 다하며 다른 이들에게도 선의를 베풀기 마련이다. 이는 신뢰받는 공동체를 만들며 책임감이 강한 사회가 된다. 반면, 책임감이 없다면 어떻게 될까? 자신이 마땅히 해야 할 일들을 회피함으로써 개인의 삶과 사회에 큰 파장을 일으키기도 한다. 직장에서는 자신의 일을 끝까지 책임지지 못해 동료와 팀에게 부담과 손해를 입히기도 하며, 기업에서는 소비자에게 피해가 되는 물건을 만들어 피해를 주고서는 나 몰라라 하는 책임회피의 모습을 보이기도 한다. 그래서 책임감 없는 사람들은 주변 사람과 사회에 피해를 입히기 마련이다.

책임감은 크게 개인적 책임감과 사회적 책임감으로 나눠진다. 개인적 책임감은 자신의 삶에서 자신이 해야 할 일들이나 맡은 바를 스스로 알아서 하는 것을 의미하며, 사회적 책임감은 사회구성원으로서 사회에 관심과 의무를 가지고 도움이 되도록 적극적으로 행동하는 것이라 할 수 있다. 이를 위해 공동체에 대한 소속감을 가지고 타인을 배려하고 감사하는 마음을 가져야 한다. 그리고 공동체 및 조직에서 여러 현상이나 문제에 관심을 가지고 자신이 할 수 있는 일을 실천하고 행동할 수 있어야 한다.

취업포털 '잡코리아'에서 직장인 844명을 대상으로 상사 때문에 근로 의욕이 꺾이는 경험에 대하여 설문조사하였다. 그 결과 직장인 10명 중 9명이 직장 내에서 상사 때문에 근로 의욕이 꺾이는 경험을 했다고 답했다. 직장인의 의욕 저하를 부르는 상사 유형 1위는 '책임회피형 상사'였다.

책임을 떠넘기며 자기 합리화를 하는 책임회피형 상사 외에 감정의 기복을 여과없이 드러내는 감정기복형 상사, 다른 사람의 아이디어와 의견을 무시하는 의견묵살형 상사 등 불친절하고 불합리한 상황에서의 리더들이 나쁜 유형으로 꼽혔다.

출처 : 고용노동부 공식블로그

---

2. 책임감의 구성

교육에서 책임감은 Hellison에 의해 개발된 책임감 모형을 체육수업에서 인성교육과 함께 사용하고 있다. Hellison은 책임감 모형을 통해 1단계 학생들이 자기통제를 통하여 타인을 존중하고, 2단계 학습과제에 열심히 참여 및 노력하는 단계를 거쳐, 3단계 학생 스스로가 학습내용을 선택하고 계획하는 책임감을 기르게 되고, 4단계 타인을 배려하는 단계를 거쳐서, 5단계 그러한 발달이 학교 생활 및 일상생활로 전이되는 단계로 설정하였다. 이에 책임감 향상을 위하여 자율성, 타인존중, 성실성, 책임감 기르기, 타인배려, 실생활 전이에 대하여 알아볼 필요가 있다.

1) 자율성

자율성은 자신의 삶을 스스로 선택하고 이끌어 나가는 힘으로 행복을 결정하는 핵심요소라 할 수 있다. 자신의 삶을 스스로 선택하고 결정하며 책임을 지는 것이며, 그러한 과정 속에서 자신에 대한 성찰과 동기를 일으킬 수 있다. 이때 욕구의 일치가 필요하다. 욕구의 일치는 강력한 동기부여를 일으키게 된다. 자신의 어린시절 경험은 자율성에 많은 영향을 미치게 되며 자신이 스스로 선택하고 결정한 경험들에 의하여 자율성은 함양된다. 그렇기 때문에 다양한 활동 등을 통하여 직접 선택하며 체험하는 과정이 필요하다. 자율적인 선택으로 인한 행동과 체험이 일어났을 때 그 결과에 대한 자신의 책임감은 강해질 수밖에 없다.

● 나의 자율성은 어떠한가? 나의 자율성을 필요로 하는 영역은 무엇인가?

2) 자기 및 타인 존중

앞서 존중에 대하여 배웠다. 존중은 자기존중과 더불어 타인존중이 함께 이루어져야 한다. 자신에게 주어진 일과 최선을 다하는 모습, 그리고 타인을 배려하고 존중하는 모습에서 책임감은 완성된다. 나와 다른 타인의 모습에서 무시와 비난이 아닌 나와 다름을 인정하고 존중하는 마음, 그리고 이를 행동으로 표현하는 가운데 책임감은 더욱 성숙될 것이다.

● 내가 존중해야 할 대상과 방법은 무엇인가?

3) 성실성

성실성은 정성스럽고 진실한 품성으로, 목표한 바를 이루기 위해 노력하는 자세를 의미한다. 주어진 일에 대하여 책임감을 가지기 위해서는 성실성이 뒷받침되어야 한다. 어떤 상황에서도 인내와 끈기로 성실하게 노력하는 자세는 곧 책임감을 표현하기도 한다. 반대로 성실성이 결여되어 있다면 중간에 일을 끝마침하지 못하거나 중도에 포기해 버리고 만다. 이로 인하여 책임감과는 당연히 멀어지는 결과를 낳게 된다.

● 나는 성실한가? 성실성을 더욱 키워야 하는 부분은 무엇인가?

4) 책임감 기르기

책임감은 경험으로 함양될 수 있다. 한번도 어떠한 일을 스스로 수행하고 책임져 보지 않았다면 책임감은 약할 수 있다. 책임감을 기르기 위해서는 스스로 목표한 과제를 계획하고 수집하며 실행하는 단계를 거쳐 끝까지 마무리할 수 있는 경험을 해야 한다. 그러한 과정 속에 책임감을 느끼며 책임감은 함양된다.

● 나의 책임감은 어떠한가? 내가 책임감을 기르기 위해 스스로 계획하고 행해야 하는 것은 무엇인가?

5) 타인배려

앞서 타인배려에 대해서도 공부한 바 있다. 배려란 남을 도와주거나 보살피는 마음이다. 이 자체가 책임감으로 연결될 수 있다. 타인의 필요를 보고 지나치는 것이 아닌 그 상황에서 타인에 대한 관심과 의무를 가지고 내가 해야 할 것이 무엇인지 살펴보아야 한다.

● 내가 타인의 필요를 보고 지나친 적은 없는가? 내가 관심과 의무를 가져야 할 부분은 무엇인가?

6) 실생활 전이

위의 자율, 자기 및 타인 존중, 성실성, 책임감 기르기, 타인배려가 잘 이루어지고 있는가? 그렇다면 위의 특성들은 학교와 가정 그리고 공동체 내에서도 함께 이루어질 수 있어야 한다. 단순히 공부로만 그치는 것이 아니라면 실생활의 전이는 자연스러운 것이다. 학교에서 공부만 하고 끝나는 것이 아니라 가정에서도 친구와의 관계에서도 자연스럽게 실천할 수 있도록 노력해야 한다.

● 나는 학교에서 공부하는 것을 실생활에서 잘 적용하고 있는가? 그렇지 않다면 그 이유는 무엇인가?

3. 책임감의 실천

책임감은 개인의 삶에서 우선적으로 실천되어야 한다. 개인의 책임감은 관계에 영향을 미치며 그 밖에 학교, 사회, 직장인으로서의 책임감을 다하게 된다.

1) 개인적인 삶에 대한 책임감

- 나의 주변환경 정리 정돈
- 주어진 일에 최선을 다하기
- 먼저 찾아서 내가 할 일 하기
- 일상 생활을 규칙적으로 하기
- 내가 해야 할 일을 우선적으로 먼저 하고 자유시간 갖기
- 계획적으로 시간 관리하기

당신은 책임감 있는 사람인가요

지난간 경험들과 크고 작은 사건의 조각들이 모여
현재의 나를 만들어 왔습니다. 좋든 싫든
이것은 앞으로도 변치 않을 것입니다.
직장, 가정, 사회적 테두리 안에서의 책임감뿐만 아니라
본인에게 책임감이 있는 사람이 되어야 합니다.
누구에게나 인생은 소중하고 한 번뿐이니까요.

− 고도원의 아침편지 −

2) 관계에서 책임감

● 약속 지키기

● 내가 한 말과 행동에 대하여 책임지기

● 남의 탓으로 돌리기보다는 문제해결법 찾기

● 주변에 도움이 필요한 경우 도와주기

● 다른 사람의 생각과 감정을 배려하기(상대방에게 한 말이나 행동에는 책임지기. 나 때문에 느낄 상황이나 감정을 고려)

3) 학교에서의 책임감

● 수업시간에 늦지 않기

● 수업시간에 수업에 충실하기

● 친구와 교수님께 인사 잘하기

● 과제나 조별 프로젝트에서 자신이 맡은 역할 충실히 해내기

○○수업 조별 프로젝트에 6명이 모였다.

각각 해야 할 역할을 나누고 한 달간 준비의 기간을 가졌다.

드디어 다음주 발표의 날이 다가오고 있다.

발표는 준비기간 역할이 가장 적었던 '무책임'이 맡기로 했었다.

애초에 '무책임'은 아르바이트로 바빠서 시간을 낼 수 없으니 발표를 본인이 하겠다고 나섰다. 대신 기타 조사 및 다른 역할에서 배제해 줬으면 좋겠다고 얘기했었다.

'무책임'의 말대로 다른 조원들은 그를 배려해 줬다. 그런데 본격적인 발표를 준비해야 하는 이때 '무책임'이 단톡방에서 답을 잘 하지 않는다. 조장인 '나조장'이 전화해서 발표준비를 잘 하고 있느냐고 다시 한번 물었지만 그때까지는 별 얘기가 없었다.

그런데 오늘 단톡방에 '무책임'이 오늘 학교를 못 나올 것 같다고 톡을 올렸다. 이유는 급한 일이 생겼다는 것이다. 결국 '무책임'은 수업시간에 나타나지 않았으며, 발표는 준비도 제대로 못 한 채 '나조장'이 겨우 마쳤다.

4) 사회에서의 책임감

- 집단이나 조직에 대한 소속감 갖기
- 여러 현상이나 문제에 관심을 가지며 자신이 할 수 있는 일에 대하여 고민하고 실천하며 행동하기

책임감을 실천하는 9가지 원칙

단계	원칙	관계
1원칙	신뢰의 눈높이를 맞추라.	신뢰의 재구성
2원칙	선택의 주체가 누구인지를 분명히 밝혀라.	책임의 주체
3원칙	정직성의 힘을 이해하라.	정직성의 힘
4원칙	목적은 언제나 명확해야 한다.	명확한 목적
5원칙	주변 사람들을 참여시켜 실행 목록을 만들라.	헌신을 만드는 실행전략
6원칙	여러 역할을 수행하는 리더가 되어라.	다면적 리더십
7원칙	자신의 커뮤니케이션을 점검하라.	효과적인 의사소통
8원칙	차이를 존중하고 공감하라.	갈등해결의 기술
9원칙	때로는 과감하게 위험을 감수하라.	위험 감수를 지지하는 문화

출처 : 조용태 외 3인(2021), 『인성의 이해와 실제』

Action 1

◈ 나의 책임감은 어떠한가요?

_____

_____

_____

◈ 내가 특히 책임감을 가져야 할 영역은 어디이며 무엇인가요?

_____

_____

_____

◈ 책임감 있었던 친구의 사례 또는 나의 사례를 얘기해 주세요.

_____

_____

_____

◈ 책임감을 기르게 위해 내가 실천해야 할 부분은 무엇인가요?

_____

_____

_____

PART 2

타인과의 관계 역량

PART 3

타인과의 소통

소통

소통하지 않는다면,
어떠한 행복도 느끼지 못한다.

- 미셸드 몬테인 -

Chapter **11**

소통

1. 의사소통의 개념

　의사소통(communication)은 '상호 공통점을 나누어 갖는다'는 뜻으로 라틴어 '코무니스(communis : 공통, 공유)'에서 유래되었으며 '커뮤니티(community)'의 뜻인 공동체, 지역사회라는 의미에서 그 맥락을 함께한다. 의사소통이란 두 사람 또는 그 이상의 사람들 사이에서 일어나는 의사의 전달과 상호교류가 이루어진다는 뜻이며, 어떤 개인 또는 집단에 대해서 정보, 감정, 사상, 의견 등을 전달하고 그것들을 받아들이는 과정을 의미한다. 또한, 의사소통의 수단은 언어적 요소와 비언어적인 요소로 이루어져 있으며, 이를 효과적으로 사용했을 때 원활한 의사소통이 이루어질 수 있다. 즉 의사소통이란 둘 이상의 사람들 사이에서 언어적, 비언어적 요소의 소통 수단을 통하여 정보, 감정, 사실, 사상, 의견 등을 상호작용하는 과정이라고 할 수 있다.

　이와 같은 커뮤니케이션에 대한 다양한 정의를 토대로 소통의 속성을 살펴보면 다음과 같다.

- 두 사람 이상의 사이에서 발생한다 : co- with, together
- 언어적, 비언어적 요소를 통하여 전달한다 : 경로(channel)
- 메시지(생각과 감정, 느낌, 사실·정보와 의견, 의미)를 교환한다 : message
- 전달과 피드백의 상호작용과정이다 : interaction
- 상호 이해를 목적으로 한다 : under + stand

2. 의사소통의 중요성

"인간에게 가장 중요한 능력은 자기표현이며, 현대는 의사소통에 의해 좌우된다"고 피터 드러커가 말했듯이 현대사회를 살아가는 사람들에게 의사소통은 자신의 능력을 표현하는 수단일 뿐 아니라 타인과의 관계를 이어갈 수 있는 소통의 수단이 된다. 또한, 의사소통을 통하여 서로의 공감대를 형성하게 되며 신뢰를 주고받게 된다.

1) 4차 산업혁명시대의 의사소통

4차 산업혁명의 도래로 많은 일자리 및 노동의 변화가 예고되고 있다. 이에 클라우스 슈바프는 "우리는 지금까지 우리가 살아왔고 일하고 있던 삶의 방식을 근본적으로 바꿀 기술혁명 직전에 와 있다. 이 변화의 규모와 범위, 복잡성 등은 이전 인류가 경험했던 것과는 전혀 다를 것이다. 적응하지 못하면 패자가 될 것이다"고 말하고 있다. 이에 4차 산업혁명을 이끌어가며 이에 적응할 수 있는 인재상에 대한 관심을 가질 필요가 있다. 많은 전문가들은 4차 산업혁명시대를 이끌 인재가 갖춰야 할 역량으로 협력, 소통, 통섭, 창의력 등을 꼽고 있다. 4차 산업혁명시대에는 여러 분야의 전문가들과 협력하며 소통하는 것이 무엇보다 중요한 능력으로 요구되며 이에 따른 의사소통

능력은 자신의 역량을 펼쳐나갈 수 있는 기본적인 능력이 될 것이다. 협력과 소통의 의사소통능력이 갖추어지지 않는다면 4차 산업혁명시대에서 더 큰 인재로 성장하는 데는 한계가 있다고 하겠다.

2) 개인 삶의 만족과 의사소통

인간은 사회적 동물이다. 혼자서는 살아갈 수 없으며 누군가와 함께 대인관계를 맺으면서 행복을 느끼고 추구하게 된다. 대인관계에서 의사소통은 관계를 맺는 데 중요한 역할을 하게 된다. 의사소통을 통하여 타인과 소통하며 관계를 맺게 된다. 자신이 원하는 것을 당당히 요구할 수 있으며, 자신의 감정표현을 통하여 공감대를 형성하고 친밀감을 형성하게 된다. 또한, 대인관계에서 일어나는 다양한 상황에서의 문제를 의사소통으로 해결하게 된다. 관계에서의 효율적인 의사소통으로 자신의 욕구를 충족시킴으로써 개인 삶의 만족도를 높이게 된다.

3) 직장생활과 의사소통

사회생활 및 직장생활을 하는 현대인에게 있어 의사소통은 생존을 위한 필수적인 요소라 할 수 있다. 아침에 출근하여 퇴근할 때까지 의사소통을 하지 않는 직장인은 한 명도 없으며, 자신이 하는 일의 대부분을 의사소통의 수단을 통해 진행하게 된다. 의사소통을 통하여 업무를 시작하며, 정보를 전달, 설득 및 협의를 함으로써 업무를 진행하게 된다. 의사소통을 얼마나 효과적으로 잘 하느냐에 따라 자신의 능력에 대한 평가는 달라질 수 있으며 관계 속에서의 효율적인 의사소통을 통해 업무진행에 영향을 받기도 한다. 효율적이고 원활한 의사소통은 조직과 팀의 핵심적인 요소이며, 구성원 간에 정보를 공유하거나 의사결정을 전달하는 중요한 수단이기도 하다. 단순하게 말하면 개인 간에 정보를 교환하는 과정이라고도 할 수 있다. 팀의 효율성과 효과성을 성취할 목적으로 구성원 간의 정보와 지식의 전달과정으로써 공통의 목표를 추구, 성과를 결정하는 핵심기능이라 할 수 있다. 또한, 현대 직장인들은 공식적인 상황에서의 말하기 능력의 비중이 높아지고 있는 만큼 효과적으로 말하는 기술이 필요하다. 더불어 의사소통은 내가 상대방에게 메시지를 전달하는 과정이 아니라 상대방과의 상호작용을 통해 메시지를 다루는 과정이다. 따라서 성공적인 의사소통을 위해서는 내가 가진 정보를 상대방이 이해하기 쉽게 표현하는 것도 중요하지만 상대방이 어떻게 받아들일 것인가에 대한 고려가 바탕이 되어야 한다.

3. 의사소통 스타일 분석

다음에 제시된 키슬러의 대인관계 의사소통 양식지에 체크하여 자신의 대인관계 의사소통 스타일을 알아보자.

✅ 의사소통 스타일 분석

전혀 그렇지 않다		약간 그렇다			상당히 그렇다			매우 그렇다	
1		2			3			4	

	문 항	1	2	3	4		문 항	1	2	3	4
1	자신감이 있다					21	온순하다				
2	꾀가 많다					22	단순하다				
3	강인하다					23	관대하다				
4	쾌활하지 않다					24	열성적이다				
5	마음이 약하다					25	지배적이다				
6	다툼을 피한다					26	치밀하다				
7	인정이 많다					27	무뚝뚝하다				
8	명랑하다					28	고립되어 있다				
9	추진력이 있다					29	조심성이 많다				
10	자기자랑을 잘한다					30	겸손하다				
11	냉철하다					31	부드럽다				
12	붙임성이 없다					32	사교적이다				
13	수줍음이 있다					33	자기주장이 강하다				
14	고분고분하다					34	계산적이다				
15	다정다감하다					35	따뜻함이 부족하다				
16	붙임성이 있다					36	재치가 부족하다				
17	고집이 세다					37	추진력이 부족하다				
18	자존심이 강하다					38	솔직하다				
19	독하다					39	친절하다				
20	비사교적이다					40	활달하다				

진단 분석 결과

각 유형별 문항에 대한 응답을 아래의 칸에 합산하세요. 그리고 아래 그림에 자신의 점수를 0표로 표시하고 점수들을 연결하여 팔각형을 그리세요.

팔각형의 모양이 중심으로부터 특정 방향으로 기울어진 형태일수록 그 방향의 대인관계 의사소통 양식이 강하다고 해석됩니다. (이 결과는 자신의 대인관계 의사소통에 대하여 주관적으로 지각한 것일 뿐이므로 고정관념을 갖지 않도록 유의해야 합니다.)

- 지배형 (1, 9, 17, 25, 33) _____
- 실리형 (2, 10, 18, 26, 34) _____
- 냉담형 (3, 11, 19, 27, 35) _____
- 고립형 (4, 12, 20, 28, 36) _____
- 복종형 (5, 13, 21, 29, 37) _____
- 순박형 (6, 14, 22, 30, 38) _____
- 친화형 (7, 15, 23, 31, 39) _____
- 사교형 (8, 16, 24, 32, 40) _____

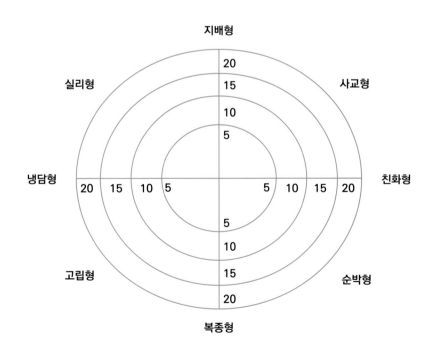

키슬러 양식에 의한 나의 대인관계 의사소통 양식

키슬러 양식에 의한 대인관계 의사소통 스타일 해설

- **지배형**은 자신감이 있고, 지도력이 있으나 논쟁적이고 독단이 강하여 대인 갈등을 겪을 수 있으므로 타인의 의견을 경청하고 수용하는 자세가 필요하다.

- **실리형**은 이해관계에 예민하고 성취지향적으로 경쟁적이며 자기중심적으로 타인의 입장을 배려하고 관심을 갖는 자세가 필요하다.

- **냉담형**은 이성적인 의지력이 강하고 타인의 감정에 무관심하고 피상적인 대인관계를 유지하므로 타인의 감정상태에 관심을 가지고 긍정적 감정을 표현하는 것이 필요하다.

- **고립형**은 혼자 있는 것을 선호하고 사회적 상황을 회피하며 지나치게 자신의 감정을 억제하므로 대인관계의 중요성을 인식하고 타인에 대한 비현실적인 두려움의 근원을 성찰해 볼 필요가 있다.

- **복종형**은 수동적이고 의존적이며 자신감이 없으므로 적극적인 자기표현과 주장이 필요하다.

- **순박형**은 단순하고 솔직하며 자기주관이 부족하므로 자기주장을 하는 노력이 필요하다.

- **친화형**은 따뜻하고 인정이 많고 자기희생적이나 타인의 요구를 거절하지 못하므로 타인과의 정서적인 거리를 유지하는 노력이 필요하다.

- **사교형**은 외향적이고 인정하는 욕구가 강하며, 타인에 대한 관심이 많아서 간섭하는 경향이 있고 흥분을 잘 하므로 심리적으로 안정하고 지나친 인정욕구에 대한 성찰이 필요하다.

Chapter 11 소통

149

Action 1

✦ 키슬러 양식에 의한 대인관계 의사소통 스타일 진단 결과에 대해 자신이 느낀 점(장점 및 단점 등)을 작성하시오. 또한, 자신의 의사소통 개선을 위한 구체적인 실천방안에 대하여 작성해 보시오.

● 장점

● 단점

● 개선방안

◈ 의사소통 인터뷰

가족과 친구들에게 나의 의사소통의 장점 및 단점에 대하여 인터뷰를 실시해 보자.

대상	장점	단점
가족 1		
가족 2		
친구 1		
친구 2		
친구 3		

영화추천

커넥트

휴대폰에서 미스터리한 전자 책을 발견하고 자신도 모르게 또 다른 뒤집힌 세계의 통로를 열어버린 소년 '올리버'. 오직 디지털 기기 화면을 통해서만 볼 수 있는 미스터리 존재 '그것'의 타깃이 된다. '올리버'와 엄마 '사라'는 살아남기 위해 모든 디바이스로부터 필사적으로 도망쳐야 하는데… 당신의 일상을 집어삼킬 온택트 공포가 깨어난다!

출처 : 네이버 영화

경청 및 공감

의사소통에서 가장 중요한 것은
상대방이 말하지 않는 것을 듣는 것이다.

- 피터 드러커 -

경청 및 공감

1. 경청의 개념

　우리는 상대방의 이야기를 들으며 경청하고 있다고 하지만 실제적으로 상대방의 이야기를 잘 경청하고 있는지 확인해야 한다. 대체로 남이 하는 이야기를 건성으로 듣거나 대강 듣거나 적당히 듣고 있는 경우가 대다수이다. 상대방이 이야기할 때 집중하여 정확히 듣고 철저히 들어야 한다. 그리고 상대방의 입장에서 들을 수 있어야 한다. 그래서 말하고자 하는 정보, 지식과 상식, 의견을 들을 뿐만 아니라 상대방의 감정과 느낌도 함께 공감하며 이해할 수 있어야 한다.

　이와 같이 경청이란 다른 사람의 말을 주의 깊게 들으며 공감하는 능력이다. 상대의 말을 듣기만 하는 것이 아니라, 상대방이 전달하고자 하는 말의 내용은 물론이며, 그 내면에 깔려 있는 동기나 정서에 귀를 기울여 듣고 이해된 바를 상대방에게 피드백하여 주는 것을 말한다. '들을' 청(聽)의 한자에서도 경청의 개념이 잘 나타나 있다. '처음부터(一) 끝까지(十) 마음(心)의 문을 열고 눈(目)을 마주보고, 무엇보다 귀(耳)를 크게 열어놓고 소통할 때 가장 큰 효과(王)가 있다"는 뜻을 담고 있다.

경청은 대화과정에서 당신에 대한 신뢰를 쌓을 수 있는 최고의 방법이다. 우리가 경청하면 상대는 본능적으로 안도감을 느끼고, 경청하는 우리에게 무의식적인 믿음을 갖게 된다. 그리고 우리가 말할 경우, 자신도 모르게 더 집중하게 된다. 이런 심리적 효과로 인해 우리의 말과 메시지, 감정은 아주 효과적으로 상대에게 전달된다. 우리가 경청하는 만큼, 상대방은 우리의 말을 경청할 수밖에 없는 것이다. 자기 말을 경청해 주는 사람을 싫어하는 사람은 세상에 존재하지 않는다.

2. 경청의 중요성

대다수의 사람들은 말하고, 읽고, 쓰는 것보다 듣는 데 더 많은 시간을 보내고 있다. 하루 24시간 가운데 45%는 듣는 것에, 30%는 말하는 것에, 16%는 읽는 것에, 9%는 쓰는 것에 사용한다. 또한 대다수의 사람들은 20~25%의 효율성을 가지고 들으며 듣는 내용의 50%는 즉시 잊혀진다.

직장에서 겪게 되는 실패와 의견 충돌 및 갈등의 가장 큰 원인 중 하나는 서로가 귀 기울여 듣지 않는다는 경청의 문제로부터 발생한다. 우리는 상대방과 대화하기보다는 일방적으로 상대방에게 자신의 말을 전하거나, 자신의 입장에서 상대방의 말을 해석해 버리기 때문이다. 직장의 회의, 상사와 직장동료와의 대화, 친구와의 대화, 그리고 수업시간 등 경청의 많은 시간들이 주어져 있지만 어떻게 경청하느냐에 따라 그 효율성은 사람마다 달라지게 되며 사람과의 관계에도 영향을 미치게 된다.

경청을 함으로써 상대방에 대한 긍정적인 마음과 관계가 이루어지게 되는데 경청의 효과에 대하여 한국산업인력공단의 매뉴얼은 다음과 같이 정리하였다.

1) 상대방을 한 개인으로 존중하게 된다는 의미는 상대방을 인간적으로 존중함은 물론 그의 감정, 사고, 행동을 평가하거나 비판 또는 판단하지 않고 있는 그대로 받아들이는 태도이다.

2) 상대방을 성실한 마음으로 대하게 된다는 의미는 상대방과의 관계에서 느낀 감정과 생각 등을 긍정적이든 부정적이든 솔직하고 성실하게 표현하는 태도를 말한다. 이러한 감정의 표현은 상대방과의 솔직한 의사 및 감정의 교류를 가능하도록 도와주기 때문이다.

3) 상대방의 입장에 공감하며 이해하게 된다는 의미는 자신의 생각이나 느낌, 가치, 도덕관 등의 선입견이나 편견을 가지고 상대방을 이해하려 하지 않고, 상대방으로 하여금 자신이 이해받고 있다는 느낌을 갖도록 하는 것이다.

3. 경청의 방해요인

경청은 상대방에게 온전히 집중하여 공감해서 들어야 하지만 개인적인 다양한 문제로 경청에 어려움을 가지고 있는 경우가 많다. 다음의 내용을 보면서 자신에게는 어떤 요인이 있는지 알아보자. 경청의 방해요인을 알게 된다면 효과적인 경청을 하는 데 도움이 될 것이다.

1) 경청을 방해하는 요인

	내용
짐작하기	상대방의 말을 듣고 받아들이기보다 자신의 생각에 들어맞는 단서들을 찾아 자신의 생각을 확인하는 것을 말한다. 상대방의 목소리 톤이나 표정, 자세 등을 지나치게 중요하게 생각하며, 이들은 상대방이 하는 말의 내용은 무시하고 자신의 생각이 옳다는 것만 확인하려 한다.
대답할 말 준비하기	처음에는 상대방의 말을 듣지만, 곧 자신이 다음에 할 말을 생각하기에 바빠서 상대방이 말하는 것을 잘 듣지 않는 것을 말한다. 결국 자기 생각에 빠져서 상대방의 말에 제대로 반응할 수가 없다.
걸러내기	상대방의 메시지를 온전하게 듣는 것이 아닌 경우이다. 상대방이 분노나 슬픔, 불안에 대해 말해도 그러한 감정을 인정하고 싶지 않다거나 회피하고 싶다거나 무시하고 싶을 때 자기도 모르는 사이에 상대방이 아무 문제도 없다고 생각해 버린다. 듣고 싶지 않은 것들을 막아버리는 것을 말한다.
판단하기	상대방에 대한 부정적인 판단 때문에, 또는 상대방을 비판하기 위해 상대방의 말을 듣지 않는 것을 말한다.
다른 생각하기	상대방에게 관심을 기울이는 것이 점차 더 힘들어지고 상대방이 말을 할 때 자꾸 다른 생각을 하게 된다면, 이는 현실이 불만족스러워 이러한 상황을 회피하고 있다는 위험한 신호이다.
조언하기	다른 사람의 문제를 지나치게 본인이 해결해 주고자 한다. 하지만 말끝마다 조언하려고 끼어들면 상대방은 더욱더 낙담하게 된다. 조언은 상대방을 위하여 올바른 해결책을 제시해 주고자 하는 마음이지만, 이는 다른 한편으로 상대방을 고쳐주고 싶은 욕구이기도 하다.
언쟁하기	단지 반대하고 논쟁하기 위해서만 상대방의 말에 귀를 기울이는 것이다. 상대방이 무슨 말을 하든 자신의 입장을 확고히 한 채 방어한다. 언쟁은 문제가 있는 관계의 전형적인 의사소통 패턴이다. 이런 관계에서는 상대방의 생각을 전혀 들을 생각이 없기 때문에 어떤 이야기를 해도 듣지 않게 된다.
옳아야만 하기	자존심이 강한 사람은 자존심에 관한 것을 전부 막아버리려 하기 때문에 자신의 부족한 점에 대한 상대방의 말을 들을 수 없게 된다. 즉 자신이 잘못했다는 말을 받아들이지 않기 위해 거짓말을 하고, 고함을 지르고, 주제를 바꾸고, 변명을 하게 된다.
슬쩍 넘어가기	대화가 너무 사적이거나 위협적이면 주제를 바꾸거나 농담으로 넘기려 한다. 문제를 회피하려 하거나 상대방의 부정적인 감정을 회피하기 위해서 유머를 사용하거나 핀트를 잘못 맞추게 되면 상대방의 진정한 고민을 놓치게 된다.
비위 맞추기	상대방을 위로하기 위해서 혹은 비위를 맞추기 위해서 너무 빨리 동의하는 것을 말한다. 그 의도는 좋지만 상대방이 걱정이나 불안을 말하자마자 "그래요, 당신 말이 맞아" "미안해, 앞으로는 안 할 거야"라고 말하면 지지하고 동의하는 데 너무 치중함으로써 상대방에게 자신의 생각이나 감정을 충분히 표현할 시간을 주지 못하게 된다.

4. 공감적 경청의 이해

잘 듣기 위해서는 공감적 이해가 필수적으로 요청된다. 공감적 이해란 청자가 상대방의 입장이 되어 그의 주관적인 세계를 이해하는 것을 말한다. 이것은 청자가 제3의 귀를 가지고 상대방의 마음속에 있는 '소리 없는 소리' 또는 '마음의 소리'를 듣는 것을 말한다. 또한 우리가 상대방의 눈으로 사물을 보는 것과 같이 상대방이 지니고 있는 생각과 느낌의 틀을 이용하여 그 사람의 생각과 감정을 이해하는 것이다.

베아트리체 칼리시는 "공감은 다른 사람의 감정과 그 감정의 의미를 정확하고 민감하게 인지하고 의사를 전달하는 능력이다."라고 말했다. 즉, 공감적 경청이란 듣는 사람이 상대방의 말, 의도, 감정을 이해하기 위해 가슴과 마음으로 듣고 대답하는 것을 의미한다. 공감적 경청을 통해 비로소 완전에 가까운 의사소통이 이루어지는 단계라고 할 수 있다.

청자가 상대방의 감정에 공감하고 있음을 나타낸다면 상대방은 그 자신이 이해받는 느낌을 갖게 되며 청자를 보다 신뢰하게 되어 자신을 더욱 드러내 보이게 된다. 이러한 과정이 진행됨에 따라 원만한 인간관계가 이루어지게 된다.

5. 공감적 경청의 방법

1) 비언어적 표현의 공감적 경청

공감적 경청을 위해서는 비언어적 요소와 언어적 요소로 공감을 표현할 수 있다. 비언어적 요소에는 표정과 눈빛, 자세, 제스처, 단순한 음성반응 등이 이에 해당하며 이는 상대방에게 '당신의 말을 잘 듣고 있어요'라고 공감적 경청을 잘하고 있다는 것을 보여주며 영향력을 발휘하게 된다. 그만큼 상황에 맞는 적절한 보디랭귀지의 표현은 중요하다. 비언적 요소에 대한 공감적 경청은 BMW(Body, Mood, Word)로 표현할 수 있다.

● **Body는 표정, 눈빛, 자세, 움직임으로 보디랭귀지를 맞춤**

● **Mood는 음정, 음색, 빠르기, 높낮이 등을 통해 상대방의 분위기 및 감정을 맞춤**

● **Word는 상대가 사용하는 단어 또는 문장을 사용하며 호응하고 맞장구치는 방법**

- 상대방과의 눈맞춤
- 고개 끄덕임
- 단순한 음성반응
- 상대방 말의 반복 및 요약
- 관심어린 질문

2) 언어적 표현의 공감적 경청

공감적 경청의 언어적 표현으로는 상대방의 말에 대하여 요약 및 반복하고 관심어린 질문을 하는 것을 들 수 있다. 이는 자신의 말을 '주의깊게 듣고 있다', 또는 '나에게 진심으로 관심을 가져주는구나'라는 것을 표현하는 방법으로 공감적 경청의 중요한 표현법이라 할 수 있다.

하지만 각 상황에 따라 1단계, 2단계, 3단계로 구분하여 적용한다면 공감을 넘어 신뢰와 지지의 관계로 이어지게 된다.

[1단계] – 기본적 단계: 상대방 말의 단순한 반복과 반응
[2단계] – 마음 읽어주기: 감정 & 욕구 파악 및 표현
[3단계] – 지지단계: 감정과 욕구를 파악하고 읽어주며 지지의 표현

[1단계]

1단계는 기본적인 단계로 상대방이 한 말을 반복하는 것을 의미한다. 상대방의 뒷말을 따라 하고 반복하는 것만으로도 상대방은 자신의 말을 잘 들어주는 것으로 인식한다. 또한 간단한 반복의 말이 상대방의 말에 대한 동의와 인정을 의미하게 됨으로써 공감을 표현하게 된다. 물론 이때는 상대방의 말이 끝나는 즉시 반응하는 즉각적 반응이 중요하다. 짧게 말을 끝낼 수 있는 상황에서 1단계만으로 공감의 표현을 할 수 있다.

[반복] : 아, ~구나?

[2단계]

2단계는 단순히 상대방의 말을 반복하는 것을 넘어 감정 또는 욕구를 파악하여 표현한다. 이는 누군가가 나의 감정을 이해해 주었을 때 상대방에게 무한한 신뢰감을 느끼게 되는 것과 같은 것이다. 신뢰감과 돈독한 관계를 유지하기 위해서는 교감이 이루어질 수 있는 반응이 필요하다. 이를 위해 상대방의 말에 감정 및 욕구를 파악하고 표현할 필요가 있다.

[감정] : ~했나 보구나.
　　　　　기분이 ~했나 보네?
[욕구] : ~하기를 원했나 보구나?
　　　　　네가 원한 것은 ~였구나?

[3단계]

3단계에서는 상대방의 감정과 욕구를 인지할 뿐 아니라 이를 통해 상대방의 사기를 진작시키며 영향력을 줄 수 있어야 한다. 이는 상대방에 대한 질문을 통해 관심과 애정을 표현하며 지지를 보내는 것이다. 또한 상대방의 탁월한 부분이 있다면 칭찬과 함께 동기부여를 일으킬 수도 있다.

[감정] : ~했나 보구나.
　　　　기분이 ~했나 보네?
[욕구] : ~하기를 원했나 보구나?
　　　　네가 원한 것은 ~였구나?
[질문] : 그럼, 네가 해보고 싶은 것은 어떤 거니?
　　　　네가 일을 할 때 성취감을 느끼는 일은 무엇이니?
[지지] : 언제나 성실하게 일하는 모습을 보면 이번에도 잘할 수 있을 거야!

다음은 희정과 지수의 카톡대화이다. 문제점은 무엇인가?

다음의 대화를 공감적 경청으로 바꾸시오.

지수 : 희정~
　　　　나 요즘 고민 있어…
희정 : 뭔데?
지수 : 나 수요일, 토요일 알바하고 있잖아.
　　　　근데 평일에는 안하고 주말만 한다고 사장님한테 말할까…??
희정 : 갑자기 왜?
지수 : 학교 끝나고 바로 알바 하러 가는 게 생각보다 힘들어서 ㅜㅡ,
희정 : 근데 그건 언니가 하기로 했던 거 아닌가?
지수 : 응… 근데 힘들어서…
희정 : 언니가 잘 생각해 봐 ㅜㅜ
지수 : 알겠어…

지수 : 희정~

나 요즘 고민 있어…

희정 : _____

지수 : 나 수요일, 토요일 알바 하고 있잖아.

근데 평일에는 안 하고 주말만 한다고 사장님한테 말할까…??

희정 : _____

지수 : 학교 끝나고 바로 알바 하러 가는 게 생각보다 힘들어서 ㅜㅡ,

희정 : _____

지수 : 응… 근데 힘들어서…

희정 : _____

지수 : 알겠어…

Action 1

⊗ 내가 공감적 경청을 위해 개선해야 할 점은?

언어적 표현	비언어적 표현

무엇보다도 중요한 것은 상대방에 대한 열린 마음과 상대방을 이해하고자 하는 역지사지의 마음이다. 진정으로 이해하고자 하는 마음을 통해 공감적 경청은 원활하게 이루어질 수 있다.

Action 2

1. 짝을 이루어 대화를 나눠주세요. 대화의 주제는 다양합니다. '나의 행복했던 순간' '나의 꿈' '나의 이상형' 등 하나의 주제를 두고 3분간 대화를 나눕니다. 한 명은 말하고 한 명은 공감적 경청을 합니다. 3분 후 역할을 바꾸어 진행합니다.

2. 대화 후 느낀 점은 무엇인가요?

_____

_____

_____

_____

_____

_____

_____

Chapter **13**

자기표현

사귐의 비결은 진실을 말하지 않는 것이 아니라
진실을 말하면서도 상대가 화나지 않게 하는 것이다.

- 오기하라 사쿠타로 -

자기표현

자기표현은 자신의 느낌과 감정을 전달하는 것을 말한다. 우리는 일상생활에서 어떤 상황과 대상에 따라 감정 혹은 정서, 느낌을 경험하게 되는데 자신의 감정 및 느낌을 요령있게 잘 전달하게 될 경우 상대방에 대한 이해와 공감을 통해 효과적인 의사소통으로 이어질 수 있다.

자신의 감정과 느낌을 제대로 표현하지 못할 경우에는 감정 자체를 부정하거나 숨기게 되는 과정에서 자신의 속마음과는 상반된 행동을 하게 되며 원활한 의사소통이 힘들어지면서 상대방과의 관계에서 불편함을 경험하게 된다.

1. 자기표현적인 사람

① 자기의 생각을 전달할 줄 안다.
② 의견표현을 두려워하지 않는다.

③ 요청, 설명을 할 줄 안다.

④ 분노, 애정, 감사, 고통, 자부심의 표현 등 항상 감정표현이 다양하다.

⑤ 자신감이 있다.

⑥ 자신의 두려움을 받아들여 다스릴 수 있는 용기를 가지고 있다.

⑦ 기술을 하나 더 가졌다고 자부한다.(박경록 · 이철규, 2017)

2. 자기표현의 결과

① 개인 및 상호 성장

② 스트레스 대응능력 증대

③ 문제해결의 열쇠로써 활용

④ 사회생활에 대한 긍정적인 태도

⑤ 상호 자존감이 높아짐(박경록 · 이철규, 2017)

3. '나' 메시지 전달법(I-message)

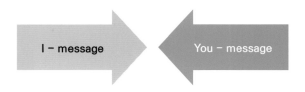

I message는 나를 주어로 상대가 아닌 나에게 초점을 맞추어 자신의 감정과 느낌을 솔직하게 표현할 수 있는 대화기술이다. I message의 표현법은 상대방에 대한 존중의

느낌을 담고 있다. 따라서 의사표현 시 메시지에 대한 저항을 줄일 수 있는 표현법으로 갈등을 방지할 수 있다.

예를 들어 '당신이 ~한 행동을 할 때 나는 ~를 느껴요'라고 표현하는 방식이다. 이는 상대방의 행동을 표현하면서 자신이 느끼는 감정을 표현하게 된다. 또는 구체적 행동·사실과 함께 느낌 및 감정을 표현하게 된다. 이는 상대방으로 하여금 감정을 상하지 않게 전달하며 자신의 느낌과 감정을 표현함으로써 상대방에게 더욱더 공감을 불러일으키는 효과적인 표현방법이 될 수 있다. 나 전달법은 크게 네 부분으로 구분할 수 있다.

● 행동 및 사실

상대방의 문제가 되는 특정행동에 대한 구체적이고 분명한 사실에 대하여 말한다.

● 느낌 및 감정

그 행동으로 인해 내가 갖게 된 느낌과 감정에 대해 이야기한다.

● 영향

그 행동이 나에게 미치는 영향에 대해 이야기한다.

● 요구

내가 원하는 요구사항을 이야기한다.

4. '너' 메시지 전달법(You-message)

You message는 상대방에게 초점을 맞추는 대화방식으로 상대방의 잘못된 행동에 대하여 언급하게 된다. You message는 상대방의 욕구보다 자신의 욕구를 더욱 중요하게 생각하는 대화방법으로 상대방으로 하여금 반항과 적대감의 반응을 유발하게 된다.

예를 들어 '당신 때문이다' '네가 ~~이기 때문에'라는 상대의 잘못된 행동에 초점을 맞추게 된다. You message를 통해 상대방은 질책당하는 느낌을 받게 되며 감정적으로 받아들여질 수 있다. 그렇기 때문에 You message를 사용하는 것보다 I message를 사용하는 것이 효과적인 전달법이라 할 수 있다.

	I-message	You-message
개념	나를 주어로 상대가 아닌 나에게 초점을 맞추어 자신의 감정과 느낌을 솔직하게 표현	상대방에게 초점을 맞추는 대화방식으로 상대방의 잘못된 행동에 대하여 언급
사례	1) "나는 네가 늦게 와서 무슨 나쁜 일이 있었나 걱정했어." 2) • "네가 그렇게 행동하니(사실, 행동) • "내가 무안하고 무시당하는 기분이었어"(느낌, 감정) • 그래서 한동안 멍하니 아무것도 할 수 없었어 (영향) • 다음부터는 조심해 주면 좋겠어, 그럴 수 있겠니?(결과) 3) "너의 책상이 어질러져 있어 네가 공부에 집중을 잘 하지 못할까봐 염려스럽구나."	1) "넌 언제나 왜 그렇게 늦니?" 2) "너 정말 어이없다." 3) "책상이 왜 이렇게 지저분하니?"

Action 1

상대방의 구체적인 행동으로 나의 기분이 좋지 않았던 장면을 떠올려보자.

나는 그때 어떤 행동과 말을 하였는가? 언어적 요소와 비언어적 요소로 나누어 살펴보자.

그리고 그때의 상황에 대하여 I-message로 상대방에게 전달해 보자.

◈ 상방의 구체적 행동

_____

_____

◈ 그때 내가 표현했던 행동과 말은 무엇인가?

● 비언어적 요소

_____

● 언어적 요소

_____

◈ I-message로 상대방에게 전달해 보자.

● 행동 및 사실

_____

_____

● 느낌과 감정

_____

_____

● 영향

_____

_____

● 결과

_____

_____

한 주의 **감사**

감사

세상에서 가장 지혜로운 사람은
배우는 사람이고

세상에서 가장 행복한 사람은
감사하며 사는 사람이다.

- 탈무드 -

감사

1. 감사의 개념

감사는 다른 사람으로부터의 호의나 혜택에 대한 고마움을 나타내는 인사로 고맙게 여기는 마음을 뜻한다. 감사는 한 사람의 정서와 태도, 도덕적 덕, 습관, 생활방식 등으로 다양하게 표현되고 있다. '감사하다'의 영어 'thank'는 '감사함을 전한다'라는 뜻을 지닌 고대영어 'pancian'에 그 뿌리를 두고 있으며, 그 어원인 'panc'는 '생각하다'라는 뜻을 지닌 'think'의 어원이다. 즉 'Think(생각하다)'와 'Thank(감사하다)'의 어원은 같다. 그런 의미에서 생각하는 것과 감사의 연관성에 대하여 짐작해 볼 수 있다. 감사는 생각하는 것에서 비롯되며 깊은 생각이 감사를 불러일으킨다.

2. 행복과 감사

인간은 누구나 행복하기를 원하며 갈망한다. 행복이란 생활에서 충분한 만족과 기쁨을 느끼며 흐뭇해 하는 상태를 의미한다. 행복의 기준은 사람마다 다르지만 물질적인 행복과 정신적인 행복으로 나뉠 수 있다. 그럼 우리나라는 어디에서 행복감을 찾을까? 21년 미국 여론조사 기관 퓨(Pew) 리서치센터가 전 세계 17개 선진국을 대상으로 삶에서 가장 가치있게 생각하는 것이 무엇인지 설문조사를 했다. 그 결과 한국만 유일하게 '물질적 행복(material well-being)'을 1위로 꼽은 것으로 나타났다. 이를 증명하듯 2020년 우리나라 행복지수는 전체 149개국 중 62위로 경제협력개발지구(OECD) 37개국 중 35위로 조사됐다. OECD국가 중 삶의 질이 낮은 것으로 분석되었다. 2019년에는 54위, 2018년에는 57위, 2017년에는 56위, 2016년에는 58위를 기록한 바 있다. 가장 행복지수가 높은 나라 1위는 핀란드, 그 밖에 아이슬란드, 덴마크, 스위스, 네덜란드 순으로 대부분 북유럽과 서유럽 국가들로 조사되었다.

물질적 행복만을 추구하는 행복은 그 한계를 경험하게 된다. 다른 사람이 가진 물질과의 비교 속에서 '상대적 박탈감'과 '풍요 속의 빈곤'을 경험하게 된다. 최근 치솟는 집값에 '벼락거지'라는 신조어는 이를 증명한다. 물질의 행복과 함께 자신의 존재를 인정하며 정신적으로 풍요로움을 갖는 행복이 필요하다. 심리학자들은 감사가 행복에 영향을 주는 연구결과들을 제시하며 감사를 강조하고 있다. 또한 즐거움과 행복감 같은 긍정적인 감정은 회복하는 탄력성을 높이게 된다고 발표한 바 있다. 높아진 회복탄력성은 긍정적인 감정을 더 많이 느낄 수 있게 한다. 결론적으로 감사와 같은 긍정적인 감정은 행복에 영향을 미치게 되는데, 행복에 관한 긍정 심리학자 등 많은 전문가들은 행복을 위하여 감사를 강조하며 감사는 학습이 가능한 것으로 연습할 것을 권하고 있다. 자신의 정신적ㆍ정서적 상태와 감정관리 기술에 따라 감사의 경험은 달라질 수 있다. 즉, 우리가 감사의 방법을 알게 되면 감사할 수 있으며 감사의 풍성함을 경험하게 될 것이다.

3. 감사 훈련

그렇다면 어떻게 감사를 해야 할까? 다음의 방안을 참고로 실천해 보자.

1) 감사연습

오늘날 많은 사람들이 감사를 잊고 살아가고 있다. 현대에 와서는 이기적이고 자기 중심적인 성향으로 인하여 타인의 도움이나 혜택을 자신이 마땅히 받아야 하는 것으로 착각하며 당연하게 생각하는 경향이 크다. 그래서 고맙고 감사해야 할 상황임에도 감사의 표현을 지나치게 되는 경우가 많다. 그래서 감사를 잊어버리고 그 방법을 모르게 된다. 하지만 감사는 연습이고 훈련이다. 적극적으로 감사를 찾아보며 성찰할 수 있어야 한다. 감사를 위해서는 상대방이 주는 도움이나 혜택, 그리고 상대방이 나를 헤아려주는 그 마음을 알며 느끼는 것이 중요하다. 그래서 자신의 마음을 '감사'라는 단어로 표현할 수 있어야 한다. 그렇다면 나에게 도움이나 혜택을 주었던 대상을 찾아보고 감사를 연습해 보자.

대상 : _____

이유 : _____

대상 : _____

이유 : _____

대상 : _____

이유 : _____

2) 감사노트

감사노트는 자신의 긍정성을 향상시키기 위한 방법 중 하나다. 하루 동안에 여러 일들이 일어난다. 좋았던 일이 없을 수도 있고 불편했던 일들만 있을 수 있다. 하지만 그럼에도 감사한 것을 발견해 보는 것이다. 부정적인 시간으로 하루를 보는 것이 아니라 긍정의 시각으로 하루를 돌이켜보면 감사하지 못했던 것에 대해서도 감사함을 떠올릴 수 있으며 감사의 마음으로 겸손하게 다른 날들을 기대할 수 있을 것이다. 하루의 삶을 돌이켜보며 감사한 일 3가지를 적어보자.

● 오늘 하루 감사한 일 3가지

1.
2.
3.

3) 감사방문

감사방문은 감사를 표현하기 위해 누군가를 직접 방문하는 것이다. 긍정심리학자 셀리그먼과 그 동료들의 연구에서 감사방문이 정서적 행복을 증가시키며 우울증 징후에서 상당한 감소를 보여준 것으로 조사되었다고 발표한 바 있다. 감사방문은 인지적으로 경험되기만 할 뿐 행동으로 구체화되지 않는 지식 위주의 감사 연습에 그치는 것을 방지하는 데 큰 도움을 줄 수 있다(Watkins, 2014: 230). 감사의 감사방문을 계획해보자. 오랫동안 만나지 못했던 감사했던 친구 또는 동료, 스승님 등을 찾아가 함께 차를 마시며 못 다한 이야기를 나눠보자.

감사방문 대상 _____   방문 일자 _____

4) 감사편지

감사방문이 어려울 경우 감사편지로 대신해 보자. 감사의 마음을 담은 엽서나 편지, 특히 자필로 써진 경우라면 그 감사함의 마음을 온전히 느낄 수 있을 것이다. 편지가 어렵다면 간단하게라도 문자와 전화 등의 소통수단을 통해 전달할 수도 있다. 하지만 자필로 써진 편지나 엽서는 감사의 마음을 가장 잘 전달할 수 있는 방법이다.

감사의 마음을 담아 간단하게라도 편지를 작성해 보자.

_____ 님

_____

_____

_____

_____

_____

_____

_____

_____

_____

_____

5) 감사일기

하루 동안의 감사한 일을 일기로 작성해 보자. 많은 긍정심리학자 및 전문가들은 감사의 중요성과 그 효과성을 입증하며 감사일기 작성을 언급한다. 가족, 학교, 사회, 직장 등에서 느꼈던 감사한 일을 생각하며 쓰다 보면 무엇보다 삶에 대한 긍정적인 시각을 갖추며 긍정적인 정서를 키울 수 있다. 감사한 일들과 그 이유를 긍정적으로 작성해 보는 것이다. 처음에는 감사한 일이 생각나지 않을 수 있다. 하지만 계속해서 쓰다 보면 감사한 일들을 찾을 수 있다. 몸이 건강한 것과 편히 쉴 수 있는 집, 나에게 주어진 시간 등 감사한 일은 무수히 많다.

미국 캘리포니아 데이비스 대학교의 로번트 에먼스 교수와
마이애미 대학교의 마이클 매컬로프 교수의 감사에 대한 연구

실험대상을 A, B, C그룹으로 나누어 일주일 동안 각 그룹에 일정한 말과 행동에 집중하도록 했다. A그룹은 기분 나쁜 말과 행동, B그룹은 고마움을 드러내는 말과 행동, C그룹은 일상적인 말과 행동으로 정했다. 실험 결과, 감사의 말과 행동을 했던 B그룹의 사람들이 가장 행복감을 느낀 것으로 나타났다. 그리고 매일 감사하는 태도를 연습하면 효과적이라는 것도 밝혀냈다.

또한, 1년간의 연구 결과에서도 감사하는 태도를 갖기 위해 의식적으로 노력한 실험 참가자들은 심리적으로 신체적으로 많은 긍정적 변화를 겪은 것을 확인했다. 그들은 "삶에 대해 더 행복하다고 느끼게 되었다.""낙천적인 성격으로 변했다.""다른 사람들을 돕는 데 적극적으로 나서게 되었다.""다른 사람들로부터 관대하고 친절한 사람이라는 평판을 얻게 되었다.""유머감각이 생겼다." 등 긍정적인 변화가 나타났음을 이야기했다.

출처 : 이지연(2021),『뷰카시대 당신이 꼭 알아야 할 커뮤니케이션 기술』

1. 생각이 곧 감사다
생각(think)과 감사(thank)는 어원이 같다.
깊은 생각이 감사를 불러일으킨다.

2. 작은 것부터 감사하라
바다도 작은 물방울부터 시작되었다.
사소하고 작아 보이는 것에 먼저 감사하라.

3. 자신에게 감사하라
높은 산과 우주의 태양과
별들을 보고 감탄하면서도
정작 자신에 대해서는 감탄하지 않는다.
자신에게 감사하는 것은 매우 중요하다.

4. 일상에 감사하라

숨을 쉬고 맑은 하늘을 보는 작은 것에도 감사해야 한다.

5. 문제를 감사하라

문제에는 항상 해결책도 있게 마련이다.

6. 더불어 감사하라

장작도 함께 쌓여 있을 때 더 잘 타는 법이다.

가족끼리 감사를 나누면

30배 60배 100배의 결실로 돌아온다.

7. 그럼에도 불구하고 감사하라

결과를 보고 감사하지 마라.

문제 앞에서 드리는 감사가 더 아름답다.

8. 잠들기 전 시간에 감사하라

대부분의 사람들이 짜증과 걱정을 안고 잠자리에 든다.

잠자기 전 저녁의 감사는 영혼을 청소한다.

9. 감사의 능력을 믿고 감사하라

감사에는 메아리 효과가 있다.

감사하면 감사한 대로 이루어진다.

10. 모든 것에 감사하라

당신의 삶에서 은혜와 감사가 아닌 것은 단 한 가지도 없다.

출처 : 아침좋은글

인성수업
워크북

참고
문헌

- 고미숙(2011), 자기배려의 도덕교육, 윤리연구, 제80호
- 고미숙(2015), 배려받는 자의 윤리, 윤리연구, 제100호
- 고선미·김정아·류병진(2017), NCS 의사소통 액션북, 공동체
- 권인아·오정주(2018), 의사소통능력, 한올
- 김나위(2017), DISC 행동유형과 사주명리학 일간의 성격 비교 연구, (사)아시아문화학술원, pp. 327-342
- 김상한(2013), 초등국어과 교육과정의 배려교육 양상과 동화를 활용한 실행방안, 새국어교육, 제95호
- 김성희(2017), 인간관계와 의사소통, 공동체
- 김찬배(2014), 요청의 힘, 올림
- 김효선(2013), 청소년과 부모의 사회적 활동이 청소년의 사회적 책임감에 미치는 영향 - 대한민국 인재상 수상자를 중심으로, 미래청소년학회지, 10(4): 161-178.
- 다이앤 디레스터, MBA에서도 가르쳐주지 않는 프레젠테이션, 비즈니스북스
- 민혜영·유은석, 임경력(2018), 의사소통능력, 지식공동체
- 박경록·이철규(2017), 대인관계 능력, 한올
- 박민영·강지연·김연정(2015), 너, 프레젠테이션 처음이지? 시대인
- 박보영(2011), SO 통!!, 에듀큐
- 박상수(2014), 직장생활과 인간관계, 백산출판사
- 박소연·변풍식·유은경(2004), 2012 서비스 리더십과 커뮤니케이션, 한올
- 박진영(2016), 나를 사랑하지 않는 나에게 : 존중받지 못한 내 마음을 위한 심리학, 시공사
- 박창균(2016), 배려의 소통적 자질 탐구, 새국어교육, 제108호
- 배용관(2016), 리더의 코칭, 아비요

- 베벌리 엥길(2001), 사과의 힘

- 사이토 다카시(2003), 질문의 힘, 루비박스

- 송은옥(2018), 대학생의 노인에 대한 태도에 관한 연구

- 알렉스 룽구(2021), 의미있는 삶을 위하여, 수오서재

- 양애경·송영선·김주섭·최종철(2018), 사람중심 리더십, 공동체

- 엄영란 외 3(2022), 인성과 소통, 양성원

- 오느 가즈유키, 부드럽게 설명하고 강력하게 설득하는 커뮤니케이션, 새로운제안

- 유재봉(2006), 허스트의 실천적 이성과 교육, 교육철학, 36: 65-82

- 이시형 역(2005), 빅터 플랭클의 죽음의 수용소에서, 청아출판사

- 이규은·장상필(2020), 인성과 대학생활, 어우리

- 이금이(2006), 촌놈과 떡장수, 금단현상, 푸른책들

- 이범웅(2016), 감사능력의 향상을 위한 도덕교육의 방안 탐색, 초등도덕교육, 제52집

- 이성태(2017), 인간관계론, 양성원

- 이은숙(2014), 인간관계와 의사소통, 양서원

- 이정석·박홍석(2017), 자기인식척도(SAS)의 개발 및 타당화 연구, 상담학 연구, 9

- 이재희·임영수·김미선·박연희·김경진, 2017년 의사소통 능력, 양성원

- 이재희·최인희(2014), 비즈니스 커뮤니케이션, 한올

- 이정미·박홍석, 자기인식척도(SAS)의 개발 및 타당화 연구, 상담학연구

- 이지연(2017), 서비스, 고객경험을 디자인하라, 백산출판사

- 이지연(2020), 의사소통 액션북, 백산출판사

- 이지연(2021), 뷰카시대, 당신이 꼭 알아야 할 커뮤니케이션 기술, 지식플랫폼

- 이한진(2019), 존중의 의미에 비춰본 도덕교육의 방향, 초등도덕교육, 제65집

- 인성교육연구회(2021), 인성함양 I, 공동체

- 인성교육연구회(2021), 인성함양 II, 공동체

- 임창희·홍용기(2013), 비즈니스 커뮤니케이션, 청람

- 임택균·서현석(2017), 대인관계중심적 의사소통 능력 향상을 위한 듣기교육의 개선방향, 한국화법학

회, 37권: 129-167

- 조성진(2020), 인성함양과 자기계발, 양성원

- 조용태 외 3명(2021), 인성의 이해와 실제, 공동체

- 차동욱·심원술·서재현·이호선(2010), 리더십, 한경사

- 최동섭·이안수(2009), 초등 체육수업 적용을 위한 책임감 모형(TPSR)에 대한 실행연구, 한국스포츠교육학회지, 제16권, 제4호: 153-174

- 최한규(2015), 좌절하지 않고 쿨하게 일하는 감정케어, 전나무숲

- 충청대학교 창의인성센터(2019), 인성과 소양, 내하출판사

- 한국산업인력공단 의사소통 능력 매뉴얼

- 한정란(2002), 대학생들의 노인에 대한 태도에 관한 연구

- 한정선(2013), 소통 진정성이 진정성을 만날 때, 커뮤니케이션북스

- 홍순이(2009), 비즈니스 커뮤니케이션, 대영문화사

- Conrad, D., & Hedin(1991.6), School-based community service: What we know from research and theory, Phi Delta Kappan, pp. 743-749

- Hamachel, D. E.(1978), Encounters with the Self(2nd ed.), Holt, Rinehart & Winston

- Hellison, D.(2003), Teaching responsibility through physical activity(2nd ed.), Champaign, IL: Human Kinetics

- Hellison, D.(2011), Teaching personal and social responsibility through physical activity (3rd ed.), Champaign, IL: Human Kinetics

- Rokeach, M.(1973), The nature of human values, New York: Free Press

- Watkins, P.C., Scheer, J., Ovnicek, M., & Kolts, R.(2006.6), The debt of gratitude: Dissociating gratitude and indebtedness, Cognition & Emotion, 20: 217-241

- Watkins, P.C.(2014), Gratitude and the Good Life, New York: Springer

- https://gooddayarticle.tistory.com/emtry/감사-10계명
- https://www.breaknews.com/846976
- https://www.jeonmae.co.kr/news/articleView.html?idxno=841434
- newsteacher.chosun.com/site/data/html_dir/2019/08/29/2019082900407.html
- "17개 선진국 중 한국만 '물질적 행복이 가장 중요' 응답" – 조선비즈(chosun.com)
- [이동귀의 심리학 이야기] 고마운 일 떠올릴수록 행복해져… '감사일기'가 대표적 – 프리미엄조선(chosun.com)

저자
소개

이지연

서울과학종합대학원대학교 경영학(서비스경영) 박사
숙명여자대학교 Hospitality MBA(경영학) 석사
세종대학교 가정학 학사

現) 대림대학교 방송음향영상학부 영상디자인 전공 조교수[직업교육혁신센터(교양)]
    한국코치협회 KAC 코치

前) 신안산대학교 국제비서과 조교수
    LIG 손해보험 인재니움 과장 / 고객만족팀 과장
    수협은행 개인고객부 CS컨설턴트 차장
    현대백화점 인재개발원 선임
    국민은행 고객만족부 / SSP추진팀

저서
뷰카시대, 당신이 꼭 알아야 할 커뮤니케이션 기술
서비스, 고객경험을 디자인하라
의사소통 액션북

인성수업 워크북

2022년 8월 25일 초판 1쇄 인쇄
2022년 8월 30일 초판 1쇄 발행

지은이 이지연
펴낸이 진욱상
펴낸곳 (주)백산출판사
교　정 성인숙
본문디자인 신화정
표지디자인 오정은

등　록 2017년 5월 29일 제406-2017-000058호
주　소 경기도 파주시 회동길 370(백산빌딩 3층)
전　화 02-914-1621(代)
팩　스 031-955-9911
이메일 edit@ibaeksan.kr
홈페이지 www.ibaeksan.kr

ISBN 979-11-6567-553-0　03190
값 16,000원